前沿科技·人工智能系列

人工智能医学影像评估

青少年脊柱侧凸医学影像
计算机辅助评估方法

张俊华　黄　昆　赵　阳　著

电子工业出版社·
Publishing House of Electronics Industry
北京·BEIJING

内 容 简 介

本书针对目前青少年特发性脊柱侧凸临床医学影像评估中存在的问题，提出了关于脊柱正位相 X 线图像分割、关键点检测、特征提取、分类、三维重建、病例模型生成的方法，介绍如何通过人工智能技术实现对脊柱侧凸计算机辅助评估，从而提高对脊柱侧凸评估的准确度、客观度和可靠性。全书分为 6 章：第 1 章概述了青少年特发性脊柱侧凸的医学影像评估方法及其存在问题，以及应用人工智能技术进行计算机辅助评估的意义；第 2 章介绍基于深度学习的脊柱 X 线图像 Cobb 角自动测量方法，包括基于 U-Net 模型的椎体分割方法；第 3 章介绍基于深度学习的脊柱 X 线图像椎体旋转度自动测量方法，包括基于 HRNet 模型进行多任务学习的椎体关键点检测和椎弓根影分割方法；第 4 章介绍基于深度学习的骨盆 X 线图像 Risser 征自动分级方法，包括基于 Swin Transformer 模型的髂骨区域特征提取方法；第 5 章介绍基于深度学习的脊柱正位相 X 线图像三维重建方法；第 6 章介绍基于变分自编码器的脊柱侧凸病例模型生成方法。各章方法均已在 Python 开发环境下编程实现，读者可以登录华信教育资源网下载这些程序代码。

本书可供计算机应用、医学影像处理、生物医学工程等领域的研究人员或工程技术人员参考，也可作为高等学校相关专业研究生关于医学影像处理应用课程的参考书。

图书在版编目（CIP）数据

人工智能医学影像评估：青少年脊柱侧凸医学影像
计算机辅助评估方法 / 张俊华，黄昆，赵阳著 . -- 北京：
电子工业出版社，2025. 9. --（前沿科技）. -- ISBN
978-7-121-51187-5

Ⅰ . R682.304

中国国家版本馆 CIP 数据核字第 2025AY1566 号

责任编辑：张　剑（zhang@ phei. com. cn）
印　　刷：涿州市般润文化传播有限公司
装　　订：涿州市般润文化传播有限公司
出版发行：电子工业出版社
　　　　　北京市海淀区万寿路 173 信箱　邮编：100036
开　　本：787×1092　1/16　印张：9　字数：192 千字
版　　次：2025 年 9 月第 1 版
印　　次：2025 年 9 月第 1 次印刷
定　　价：78.00 元

前　言

　　青少年特发性脊柱侧凸是青春期骨骼发育成熟前发生的脊柱三维畸形，其发病原因至今不明。脊柱侧凸现已成为危害我国青少年健康的第三大疾病。X 线成像由于具有低辐射、设备造价低、检查费用低、成像时间短，且可以在站立位成像等诸多优势，是对青少年特发性脊柱侧凸诊断评估的首选成像方式。在 X 线图像中测量的 Cobb 角、椎体旋转度或 Risser 征是临床诊断评估脊柱侧凸的重要指标，这些指标对脊柱侧凸的发展趋势预测、脊柱分型，以及治疗方式的选择或矫治方案的规划都至关重要。由于 X 线图像中椎体影像重叠模糊，手工测量过程不仅烦琐而费时费力，还存在操作者误差。因此通过计算机自动测量这些指标，必将有助于对脊柱侧凸的诊断、评估和治疗。此外，这些常用指标均是基于二维 X 线图像提取的，而脊柱侧凸是三维畸形，因此通过计算机实现从常规脊柱 X 线图像重建三维脊柱模型，必将有助于医生更为直观、容易地对脊柱侧凸进行诊断评估。

　　随着人工智能技术的飞速发展，特别是深度学习方法的进步，医学影像评估领域发生了翻天覆地的变化。本书针对青少年特发性脊柱侧凸临床诊断评估存在的问题，基于深度学习提出了从 X 线图像中自动测量二维评估指标的方法，以及从脊柱正位相 X 线图像重建三维脊柱模型的方法，同时还提出了脊柱侧凸病例模型生成方法。全书共分 6 章。

　　第 1 章概述了青少年特发性脊柱侧凸的医学影像评估方法及其存在的问题，以及应用人工智能技术进行计算机辅助评估的意义。

　　第 2 章提出基于深度学习的脊柱 X 线图像 Cobb 角自动测量方法，包括基于 U-Net 模型的椎体分割方法。

　　第 3 章提出基于深度学习的脊柱 X 线图像椎体旋转度自动测量方法，包括基于 HRNet 模型进行多任务学习的椎体关键点检测和椎弓根影分割方法。

　　第 4 章提出基于深度学习的骨盆 X 线图像 Risser 征自动分级方法，包括基于 Swin Transformer 模型的髂骨区域特征提取方法。

　　第 5 章提出基于深度学习的脊柱正位相 X 线图像三维重建方法。

　　第 6 章提出基于变分自编码器的脊柱侧凸病例模型生成方法。

　　虽然本书所提出的方法是针对青少年特发性脊柱侧凸 X 线成像评估，但这些方法和技术还可以用于其他医学影像处理领域，诸如医学图像分割、关键点检测、特征提取、分类、三维重建和可视化、虚拟模型生成等。各章方法均已在 Python 开发环境下编程实现，读者可以登录华信教育资源网下载这些程序代码。由于人工智能技术（尤其是深度学习方法）在不断发展中，书中的相关技术可有进一步完善和改进，敬请读者提出宝贵意见和建议。

本书的相关研究得到国家自然科学基金（62063034，62463031）的资助。作者衷心感谢云南省第一人民医院骨科李宏键主任的支持，书中所用 X 线图像部分由云南省第一人民医院提供。

著　者

2025 年 4 月

目　录

第 1 章

青少年特发性脊柱侧凸医学影像评估基本方法

青少年特发性脊柱侧凸是青春期骨骼发育成熟前发生的脊柱畸形，其发病原因至今不明。脊柱侧凸现已成为危害我国青少年健康的第三大疾病。本章主要介绍目前医学上通过 X 线成像诊断评估脊柱侧凸的基本指标及其存在问题。

1.1　脊柱的功能结构

脊柱是由脊椎骨和连接椎骨的椎间盘以及韧带所组成的联合体。构成人体中轴的脊柱主要具备如下 3 项生物力学功能。

> **支撑作用**：支撑头颅和躯干。

> **运动作用**：允许躯体进行伸、屈、转动等生理运动。

> **保护作用**：保护脊髓、神经和血管免受外力损伤，同时胸段脊柱和肋骨、胸骨一起构成胸廓，保护心肺等内脏器官。

脊柱这些生物力学功能的实现依赖于脊柱复杂的解剖结构。脊柱具有复杂的多关节结构，而构成脊柱的椎骨本身也具有复杂的结构。

1. 椎骨

椎骨按照功能结构可以分为颈椎、胸椎、腰椎、骶椎及尾椎，如图 1.1 所示。借助椎间软骨、椎间盘和韧带，椎骨彼此相接构成脊柱。大多数个体具有 7 块颈椎、12 块胸椎、5 块腰椎以及多块椎骨融合在一起形成的 1 块骶椎和 1 块尾椎。其中第 12 胸椎与第 1 腰椎毗邻。颈椎椎体较小，而腰椎椎体较大，上位胸椎近似颈椎，下位胸椎近似腰椎。

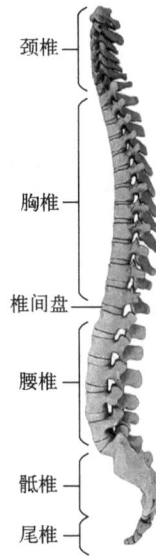

图 1.1　脊柱

正常脊柱从侧面（矢状面）看，有 4 个生理弯曲，包括颈椎前曲、胸椎前曲、胸椎后曲和腰椎后曲。这些正常的生理弯曲不但使得脊柱吸收冲击的能力增强，还有利于维持椎间关节的强度和稳定性，使得脊柱在能够灵活运动、承载轴向载荷（即体重）的同时维持相应的强度和姿势的稳定性。

各类椎骨的形态结构有所不同，其中胸椎和腰椎是躯干最重要的部分。以腰椎和胸椎为例，椎骨由前方的椎体和后方的椎弓两部分组成，如图 1.2 所示。椎体上面和下面轻度凹陷，其上有一层软骨板（称为终板）。椎体是脊柱的主要负载部分，承载 80% 的轴向载荷（体重）。椎体包括内部的松质骨和外面包着的薄层皮质骨。椎体和椎弓围成椎孔，各椎骨的椎孔连成椎管，其内容纳脊髓及其被膜、神经等。椎弓由 2 个椎弓根和 2 个椎板上发出的 7 个突起构成，分别为上/下/左/右关节突、左/右横突和棘突。这些关节突的主要作用是分担载荷，同时控制运动方向和幅度。关节突的对称性对其发挥正常功能至关重要，空间上的不对称可引起脊柱不稳或关节、椎间盘和韧带退变，这将导致关节突退行性滑脱。

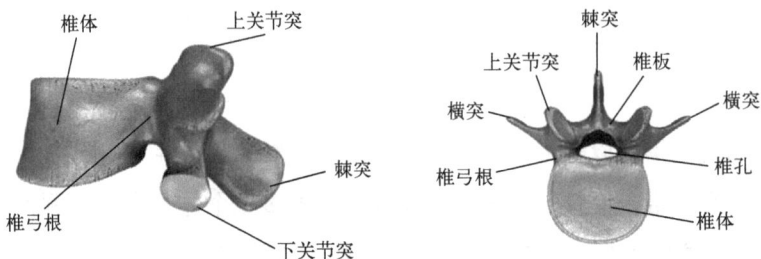

图 1.2　胸椎结构

2. 椎间盘

椎间盘位于两个椎体之间，能够吸收、缓冲载荷，并使载荷分布均匀，相当于一个缓冲垫。椎间盘是由软骨终板、纤维环和髓核组成，如图 1.3 所示。上、下软骨终板和纤维环一起将髓核密封其中。髓核是一种弹性胶状物质，含有大量水分（约为70%～90%）。髓核在椎间盘中心占椎间盘面积的 30%～50%。髓核周围的纤维环由胶原纤维和纤维软骨组成。软骨终板是将椎体和椎间盘分开的透明软骨结构，具有衰减应力和吸收震荡的作用，能够保护骨组织免受应力损伤。整个椎间盘是一个具有黏弹性的密封体，占脊柱总高度的 20%～33%。脊柱不同节段的椎间盘厚薄差异较大：腰椎的椎间盘较厚，约占椎体高度的 1/4～1/3；而胸椎椎间盘较薄，约占椎体高度的1/5。

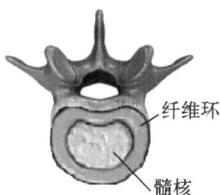

图 1.3　椎间盘

3. 韧带

脊柱的各椎骨之间通过韧带相连接，主要包括 3 条长韧带和 4 种短韧带，如图 1.4 所示。长韧带有椎体前部的前纵韧带、椎体后部的后纵韧带和棘突上的棘上韧带。前纵韧带宽厚而坚韧，能够防止脊柱过度拉伸。后纵韧带可限制脊柱过度前屈，与前纵韧带一起能够加固椎间盘，防止其脱出，并对脊柱稳定起重要作用。棘上韧带有限制脊柱过度前屈的作用。短韧带主要有黄韧带、棘间韧带、横突间韧带和关节囊韧带。其中黄韧带在相邻椎骨的椎弓之间，由弹性结缔组织构成，故黄韧带弹性很强，可在较大范围内活动而不发生永久变形，能够协助保护椎管内的脊髓，并限制脊柱的过度前屈。

此外，人体脊柱系统和众多肌肉、骨骼、韧带一起协调完成各种动作。与脊柱直接相关的肌肉主要是背肌、胸肌、肋间肌、腹直肌、腹外斜肌、腹内斜肌和腹横肌等。

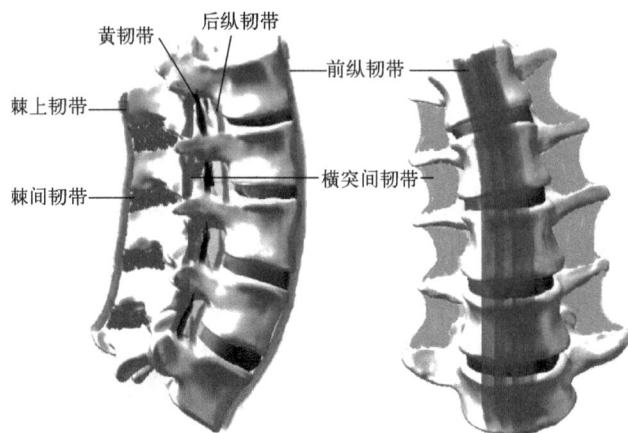

图 1.4　脊柱韧带

1.2　青少年特发性脊柱侧凸及其医学成像方法

1.2.1　青少年特发性脊柱侧凸

脊柱侧凸是一种三维（3D）脊柱畸形，患者脊柱的一个或数个节段在冠状面上偏离身体中线向侧方弯曲，通常还伴有椎体的旋转和矢状面上后突或前突的增加或减少[1]，如图 1.5（a）所示。临床表现以背部畸形为主要症状，表现为站立位姿态不对称，例如双肩不等高，一侧肩胛向后突出等，如图 1.5（b）所示。

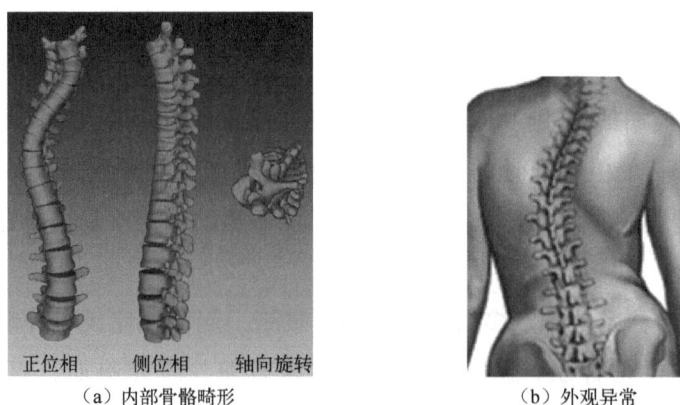

（a）内部骨骼畸形　　　　　　　　　　（b）外观异常

图 1.5　脊柱侧凸

脊柱侧凸的患病率约为2%，其中约80%脊柱侧凸的发病原因至今未明，称为特发性脊柱侧凸，多发于青少年。青少年脊柱侧凸是影响青少年成长健康的常见疾病之一，约3%~4%的青少年有一定程度的脊柱侧凸[2]。青少年脊柱侧凸现已成为继肥胖症、近视之后我国儿童青少年健康的第三大"杀手"。

轻度的脊柱侧凸并不影响脊柱的灵活性、承重功能及保护脊髓的功能，而且外观上并无明显异常，因此通常不易觉察。但若不及时发现并进行治疗，在青少年时期，伴随着骨骼的生长，脊柱侧凸可能在短时间内发展加重，导致胸腔、腹腔和骨盆腔的容积减小，以及脊柱的僵硬和疼痛，对患者生活产生影响，畸形外观甚至引起青少年心理疾患。当畸形发展到一定程度时，将影响青少年心肺发育，严重的可引起心、肺功能衰竭，甚至压迫脊髓神经，导致截瘫。

临床上对青少年脊柱侧凸的诊治方法主要有跟踪观察、支具治疗和手术矫治[2]。在青少年时期，通过医学影像定期跟踪观察脊柱生长直到骨骼发育成熟，来及时了解畸形发展状况。一旦跟踪观察发现脊柱侧凸持续加重，应及时采取支具治疗，阻止侧凸继续发展，同时支具在一定程度上可以矫治脊柱畸形。在青少年青春期骨骼成熟前的快速生长中，脊柱的生长会使畸形的发展加速，如果治疗不及时，有可能在短期内就进展到重度脊柱侧凸。重度脊柱侧凸必须进行手术矫治。脊柱手术不仅费用高、风险大，还将导致手术后患者上半身不再长高、脊柱运动受到限制。据文献报道，门诊诊断为脊柱侧凸而最终行手术治疗的病例约占26%[3]，其中绝大多数因早期未经治疗或治疗策略不当所致。青少年时期是脊柱侧凸治疗的重要时期，患者畸形尚未固定，一旦患者的骨骼发育成熟，脊柱侧凸的矫治也将更加困难。因此早期发现、早期正确的医疗干预，减少重度侧凸病人的数量，是青少年脊柱侧凸防治的关键。青少年是国家的未来和民族的希望，脊柱侧凸严重影响了青少年的身心健康成长，因此对青少年脊柱侧凸的诊断、治疗和治疗后评价的研究受到国内外学术界的日益重视，成为国际学术界的研究热点和前沿课题之一。

1.2.2 脊柱侧凸医学成像方法

医学解剖图像可以显示人体组织器官的空间形态和组织密度信息，即解剖结构信息。常用的解剖图像成像方式有X线成像、计算机断层扫描（Computed Tomography，CT）、磁共振成像（Magnetic Resonance Imaging，MRI）和超声成像等。对脊柱侧凸的影像学检查方法主要采用X线成像和CT，借助有辐射的X线成像或CT技术，医生可评估内部骨骼的状态及其发展变化，以采取相应的治疗措施。

1. X 线成像

X 线成像是应用 X 射线的穿透特性，把穿透人体后的 X 射线记录在胶片上成像，如图 1.6 所示。由 X 射线管产生的射线是一束波长长短不一的混合射线，其中波长较短的穿透力强，波长较长的容易被其他物质吸收。由于组成人体不同组织器官的物质密度不同，所以不同组织器官对 X 射线的吸收存在差异，把穿透人体后强度不同的 X 射线记录在胶片上就可以反映人体内部的组织结构。

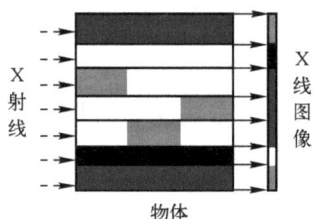

图 1.6　X 线成像

由于 X 线图像是 X 射线通路上人体对 X 射线吸收的累积效果，所以 X 线成像会出现影像重叠。也就是说，大小和密度相同的组织不论在人体内前、中或后部，其在 X 线图像上呈现的结果是一样的，如图 1.6 所示。因此，X 线成像不能得到人体断层图像，一幅 X 线图像不能完全反映组织结构的三维空间信息。

相比 CT 或 MRI，X 线成像设备费用较低，而且具有简便、快速和检查费用低等优点。脊柱侧凸的 X 线检查通常是对患者正、侧位成像，即获得冠状面和矢状面图像，如图 1.7 所示。相比 CT，两幅 X 线成像的辐射伤害要小得多，而且能够在患者各种测试姿势下成像（直立、侧屈、前屈、坐立、仰卧等）。通常青少年患者需要每隔 3~6 个月复查，跟踪评价侧凸的发展，直到骨骼发育成熟。因此 X 线成像是目前诊断评估脊柱侧凸的首选成像模式。根据 X 线图像可以对侧凸的弯度、椎体旋转程度、骨骼发育程度、脊柱的柔韧性以及脊柱侧凸的分型进行评估[1]。但是，脊柱侧凸是三维空间的畸形，二维（2D）X 线图像不能全面反映三维畸形特征，难以发现畸形在冠状面和矢状面以外的三维空间中的发展变化。医生更需要三维信息对侧凸进行更准确的诊断、治疗和治疗后评价。因此，如果能够通过常规二维 X 线图像获得三维脊柱形态，必将有助于医生的诊断和跟踪治疗。

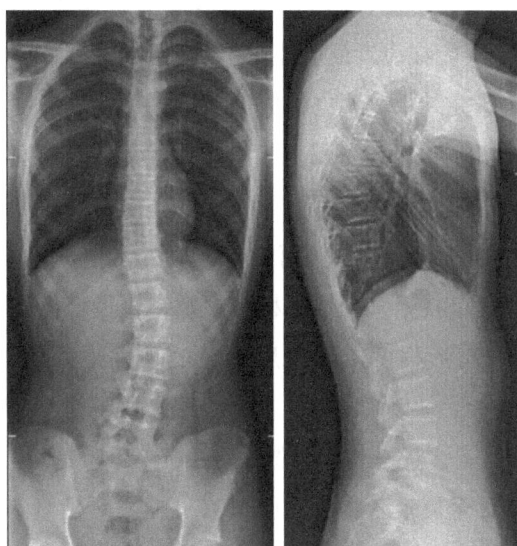

（a）正位相　　　　　　　（b）侧位相

图 1.7　脊柱侧凸正位相和侧位相 X 线图像

2. CT

CT 解决了 X 线成像的影像重叠问题，能够获得人体断层图像。CT 也需要 X 射线。X 射线管发出 X 射线经准直器准直后成为一窄束 X 射线，该 X 射线对人体的某一特定层面从各个角度进行投射，如图 1.8 所示。透过人体的 X 射线由探测器接收后，送到计算机进行数据处理，从投影数据（即探测器接收到的强度值）推算出图像像素对应的密度值[4]，从而实现对人体的断层成像。通过逐层对人体某一部位器官扫描获得一系列断层图像，对这些断层图像进行三维重建和可视化，即可获得该器官结构的三维图像。

探测器阵列

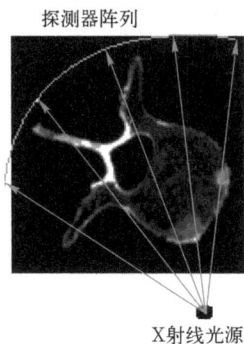

X射线光源

图 1.8　CT

CT 的辐射伤害较大，尤其不适合用于针对青少年脊柱健康的诊断或每 3~6 个月的治疗后跟踪复查。此外，CT 不能在患者站立姿势下进行，这将导致 CT 三维重建脊柱形态和站立姿势下形态的差异。研究结果表明，仰卧姿势下测量的畸形度（椎体旋转度）比站立姿势下测量大 10°以上。而且，CT 设备昂贵、检查过程复杂、耗费时间，难以在中小学生检查以及社区医院、中小医院中普遍使用。因此，CT 主要针对需进行手术治疗的重度脊柱侧凸，以精确获得脊柱的三维影像，从而进行准确的术前或术后评估。例如：CT 获取的椎弓根直径，可为选择固定技术、合适的椎弓根螺钉直径提供依据；对部分前突性胸椎侧凸，CT 有助于了解胸廓畸形程度以及高度旋转的顶椎是否压迫支气管造成肺不张等问题。

除了 CT，通过 MRI 也能够获得断层图像。但由于 MRI 设备昂贵、诊断费用高、检查过程复杂，并要求人体内无金属植入物，因此 MRI 并非对脊柱侧凸的常规检查。对婴儿型或儿童型脊柱侧凸，短时间内侧凸迅速发展，伴有局部感觉或运动缺失，这时可采用 MRI 检查来排除椎管内病变。

近 10 年来已有研究者采用 B 型超声成像对脊柱侧凸进行评估。超声成像主要针对软组织成像，对骨骼仅能获得部分表面的影像，使用超声波扫描脊柱能够获得椎体棘突、椎板等部位的回声信号，如图 1.9 所示。因此，通过在传统的 B 超探头的把持端固定一个定位装置，操作者手持探头扫描脊柱，能获得任意方位的图像及对应位置信息，再通过插值计算三维空间体素的灰度值，可实现全脊柱超声三维成像。但这一操作复杂，成像质量较差，对操作水平要求较高，目前临床上超声成像尚未用于对脊柱侧凸的常规检查。

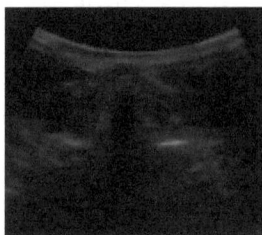

图 1.9　椎骨超声成像

1.3　青少年特发性脊柱侧凸 X 线成像医学评估方法及其存在问题

根据 X 线图像可以对侧凸的弯度、椎体旋转程度、骨骼发育程度进行评估。

1. Cobb 角

Cobb 角测量法[5]是诊断评估青少年特发性脊柱侧凸最主要的方法，它于 1948 年由柯布（Cobb）提出。Cobb 角测量如图 1.10 所示。首先在脊柱 X 线图像上确定侧弯的上下端椎，即侧弯头侧和尾侧倾斜角度最大的椎体，然后沿上端椎的上终板和下端椎的下终板各画一条直线，两条直线之间的夹角或其垂直线的交角即为该侧弯的 Cobb 角。

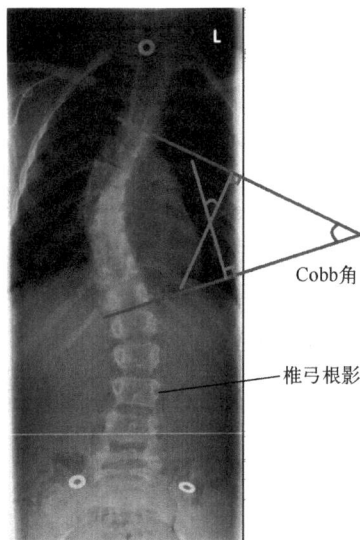

图 1.10　Cobb 角测量

临床上将正位相中测量的 Cobb 角是否大于 10°作为是否为脊柱侧凸的评判标准[1]。当 Cobb 角小于 10°时，属于正常范围，不需要治疗。当患者的 Cobb 角大于 10°但小于 20°时，属于轻度脊柱侧凸，在青少年时期应该每隔 6 个月通过 X 线成像检查来观察畸形的进展，如果 Cobb 角无明显增长，则继续跟踪观察，直到骨骼发育成熟。当 Cobb 角大于 20°但小于 40°时，则应该每隔 3 个月跟踪观察畸形的进展，如果发现 Cobb 角增长在 5°以上，应考虑采用支具治疗。而对初诊即首次 X 线成像诊断时 Cobb 角为 30°～40°的患者，应及时考虑使用支具进行干预，一方面阻止畸形进展，另一方面在骨骼生长期间，合适的支具作用能够在一定程度上减轻畸形。当 Cobb 角小于 40°且无增长时，如果患者已经骨骼发育成熟，并且没有进一步出现椎体旋转，则脊柱畸形不会影响患者成年后的生活。如果经过跟踪观察发现 Cobb 角超过 40°，则今后患者的脊柱畸形存在持续加重的风险，轻则出现腰酸背痛等症状，重则影响患者的日常活动，甚至对患者的心肺造成压迫，影响患者的心肺功能。在这种情况下，就需要进行外科矫形手术。

此外，根据 Cobb 角可以确定主弯和次弯、结构性弯和非结构性弯[1]。主弯是指 Cobb

9

角最大的弯，通常被认为是结构性弯，次弯可以是结构性弯也可以是非结构性弯。结构性弯伴有椎体旋转且固定，即不能经过平卧或侧屈身体来自行矫正侧弯角度。非结构性弯在侧屈位片或牵引位片上可看到畸形被矫正。通常侧屈位 Cobb 角小于 25°的弯被定义为非结构性弯，大于 25°的弯被定义为结构性弯。Cobb 角以及据 Cobb 角确定的这些属性是后续青少年脊柱侧凸的分型依据。

站立位和侧屈位 X 线图像上测量的 Cobb 角还可以用来计算柔软指数[1]，以评估患者脊柱的柔韧性：

$$柔软指数 = \frac{站立位 \ Cobb \ 角度数 - 侧屈位 \ Cobb \ 角度数}{站立位 \ Cobb \ 角度数} \times 100\%$$

当柔软指数小于 25% 时，说明脊柱的柔韧性差，脊柱比较僵硬。脊柱柔韧性评估除了对预测侧凸进展有重要意义，还对决定手术入路、制定融合策略至关重要。

因此，Cobb 角测量对于脊柱侧凸的评估以及治疗方式的选择非常关键。然而，Cobb 角测量较依赖骨科医生的经验，且存在操作者误差。有研究表明，在 Cobb 角的手工测量中，观察者内（即同一观察者）的误差一般为 3°~5°，而观察者之间的误差为 5°~7°，这已超出了脊柱侧凸进展评估中 5°的阈值[6]，这样的操作者误差将影响对脊柱侧凸的评估以及治疗方式的选择。

2. 椎体旋转度

虽然 Cobb 角作为首要评估指标已经广泛应用于青少年脊柱侧凸的诊断评估，但 Cobb 角不能反映椎体的旋转。近年来有研究表明，评估椎体的旋转对脊柱侧凸的预后和治疗具有关键的意义[7]。在青少年脊柱侧凸的矫正手术中，椎体旋转的错误估计可能导致椎弓根螺钉错位，从而导致脊髓损伤或可能发生手术并发症[8]。研究者们相继提出了多种基于 X 线成像的椎体旋转程度评估方法。

柯布提出了最早的椎体旋转的评估方法，通过判定棘突和椎体的相对位置将旋转程度分为 6 个等级[5]。然而，通过棘突的位置来评估旋转程度忽略了脊柱侧凸患者可能出现椎体棘突畸形，从而导致评估结果不准确。目前评估椎体旋转程度常用 Nash-Moe 法[9]。在脊柱正位相 X 线图像中可观察到椎弓根投影显现为椎弓根影，如图 1.10 所示。Nash-Moe 法通过观察测量椎弓根影相对于椎体凸侧和凹侧的位置来评估椎体的旋转程度，将椎体旋转程度分为 5 个等级，如图 1.11 所示。其中：0 级的左、右椎弓根影对称且完全可见，椎体无旋转；1 级凸侧椎弓根影开始向椎体中线偏移，凹侧椎弓根影与椎体凹侧边缘重叠；2 级凸侧椎弓根影偏移至椎体中线与凸侧边缘之间的 2/3 处，凹侧椎弓根影大部分不可见；3 级凸侧椎弓根影偏移至椎体中线，凹侧椎弓根影完全消失；4 级凸侧椎弓根影偏移超过椎体中线，凹侧椎弓根影完全消失。由于脊柱 X 线图像中椎弓根影有很好的可见性，Nash-Moe 法的评估比较直观。而经过手术矫正后，椎弓根影的位置也很容易看到，所以该方法也适用于术后评估。

图 1.11　据正位相中的左右椎弓根影的相对位置将椎体旋转程度分为 5 个等级

但是，Nash-Moe 法仅对椎体旋转程度进行粗略分级，而不能精确测量。随后相继提出的 Drerup 法[10]和 Stokes 法[11]可对椎体旋转度进行精确的定量计算。Drerup 法和 Stokes 法在 Nash-Moe 法的基础上也选用了椎弓根影作为测量的标志，利用椎弓根影中心到椎体边缘的距离或椎弓根影中心到椎体中心的距离来进行测量，其计算公式分别如式（1-1）和式（1-2）所示。

$$\theta=\left(\left(\frac{r}{l}\right)\times100-10\right)^{2} \tag{1-1}$$

$$\theta=\arctan\left(\frac{1}{2}\times\frac{m-n}{m+n}\times\frac{w}{d}\right) \tag{1-2}$$

Drerup 法的式（1-1）中，r 为凸侧椎弓根影中心到椎体凸侧边缘距离，l 为椎体宽度。Stokes 法的式（1-2）中，m 和 n 分别为凹侧和凸侧椎弓根影中心到椎体中心距离，$\frac{w}{d}$ 为椎体宽深比系数，如图 1.12 所示。Stokes 法已给出了各胸腰椎的宽深比系数的值[11]。

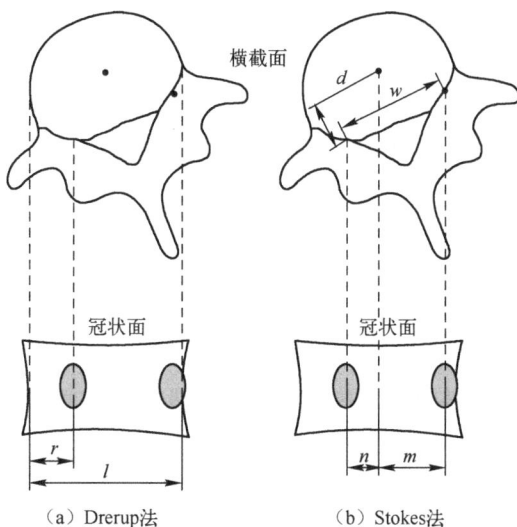

图 1.12　Drerup 法和 Stokes 法测量椎体旋转度

根据 Drerup 法和 Stokes 法从脊柱 X 线图像上手工测量椎体旋转度，需要确定椎弓根影中心、椎体边缘或椎体中心等标记点。由于 X 线图像中椎体影像重叠模糊，要测量所有胸腰椎，手工测量过程不仅烦琐而费时费力，还存在较大的操作者误差，因而也会影响对脊柱侧凸的评估以及治疗方式的选择。

3. Risser 征

骨骼成熟度的评价在预测脊柱侧凸进展和决定治疗方案中非常重要。最常用的 Risser 征是根据骨盆髂嵴部位的骨化程度来评估骨骼成熟度[1]，即通过正位相 X 线图像中呈现的髂骨骨骺进行评估。如图 1.13 所示，可将髂前上棘到髂后上棘分为四等分。髂骨骨化的骨骺首先出现在髂前上棘处，然后逐步向髂后上棘延伸，最后与髂骨翼融合。Risser 征等级划分标准见表 1.1：没有骨骺出现为 0 级；前 1/4 有骨骺出现为 1 级；髂骨翼前 1/2 有骨骺出现为 2 级；髂骨翼前 3/4 有骨骺出现为 3 级；整个髂骨翼骨化，即骨骺到髂后上棘，但未与髂骨融合为 4 级；骨骺完全与髂骨翼融合为 5 级，此时骨骼发育完全成熟。此外，还可根据侧位相 X 线图像上椎骨的骨骺环与椎体融合程度判断脊柱生长发育的程度，骨骺环与椎体融合说明脊柱生长发育停止。通常脊柱侧凸发病时 Risser 征越低，说明脊柱生长潜力越大，脊柱侧凸进展风险也越大。

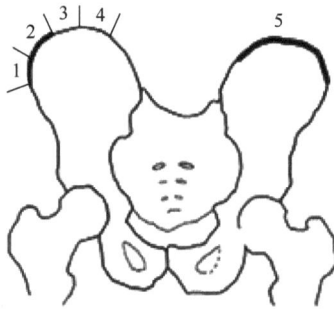

图 1.13　Risser 征分级示意

Risser 征的评估需要准确识别髂骨骨骺，这需要一定的诊断经验，同时 Risser 征分级存在一定的操作者误差。因此，通过计算机自动评估 Risser 征，将有助于医生的诊断，尤其有助于减少经验不足的医生之间的评估误差。

综上所述，Cobb 角、椎体旋转度和 Risser 征分级对脊柱侧凸的评估、畸形发展预测、脊柱分型，以及治疗方式的选择、矫治方案的规划都至关重要。而人工测量这些指标不仅耗费时间，还存在操作者误差。因此通过计算机自动测量这些指标，必将有助于对脊柱侧凸的诊断治疗。

表 1.1　Risser 征等级划分标准

Risser 等级	定　义	X 线图像样本
0	骨骺未见	
1	骨骺到 25%	
2	骨骺到 50%，即髂突移动到髂翼顶部的一半	
3	骨骺超过 75%	
4	骨骺穿过髂翼，但没有与髂骨融合	
5	完全骨化，骨骺与髂骨融合	

1.4　人工智能技术在医学影像评估中的应用

　　人工智能（Artificial Intelligence，AI）早在 20 世纪 50 年代就形成一门学科。近年来 AI 技术不断取得突破，目前 AI 正逐渐成为医疗领域的强大工具，在疾病诊断、影像分析和药物研发等方面展现出巨大潜力。在医学影像评估方面，已有不少 AI 辅助评估系统应用于临床实践。机器学习是 AI 的一个重要分支领域。机器学习可以看作是基于训练数据学习一个函数关系，根据所学习到的函数能够准确地将输入映射为输出，从而得到所需预测结果。人工神经网络是一种重要的机器学习方法。深度学习实质就是人工神经网络，通过多层神经网络进行非线性变换从数据中自动提取特征，处理复杂任务。在深度学习飞速发展的推动下，AI 技术近年来在医学影像评估领域取得了显著的进展，特别是 AI 能够对复杂、高分辨率的医学图像进行自动分析和解读，为医生提供科学依据，提高诊断准确性并缩短诊疗时间。

1.4.1 深度学习在医学影像处理任务中的应用

1. 医学影像分类

图像分类是深度学习中的典型任务，医学影像分类是将医学影像划分为预定义类别。与传统的人工分析相比，基于深度学习的方法不仅速度快，还能够处理高分辨率和内容复杂的影像数据。例如，卷积神经网络（Convolutional Neural Network，CNN）[12]已被广泛用于 X 线成像、MRI 和 CT 等医学影像的分类，完成疾病类型诊断、症状分类、病理类型划分等任务。

2. 医学图像分割和关键点检测

图像分割和关键点检测是医学影像评估的重要任务。应用深度学习方法从医学影像中准确分割出感兴趣的目标区域、定位病变位置或关键结构，能够帮助医生更有效地进行诊断评估。基于深度学习的医学图像分割和关键点检测通常采用 CNN 作为基础模型，并结合上采样技术以提高精度。例如，专门针对分割任务的 U-Net[13]模型表现突出，能够为诸如器官分割或定位、病变边界提取等任务学习有效特征。

3. 医学特征提取和医疗决策支持

深度学习模型能够自动提取相关疾病的评估特征，从而帮助医生更准确地诊断疾病。同时，通过集成多模态数据和临床数据，深度学习系统可为医疗决策提供辅助支持，提升诊断的精准度和效率。通过深度学习模型对实时采集的医学影像进行分析，可以实现对患者健康状态的持续监测。这种实时评估技术能够在早期发现问题时提供及时指导，从而改善治疗效果。

4. 医学影像三维重建

医学影像三维重建是通过二维影像生成具有立体视觉效果的三维影像。三维影像能够提供器官的深度信息，是现代医学诊断和治疗的重要工具。深度学习技术的快速发展为医学影像三维重建提供了新的技术手段。从器官重建、手术导航，到生物力学建模、分子动力学模拟，深度学习正在推动医学影像三维重建技术向更智能化和精准化方向发展。

除了上述任务，深度学习技术已应用于各种影像处理任务，包括医学影像增强与去噪、医学数据自动标注与数据增强、医学图像生成、个性化治疗计划、医学影像质量评价、医学影像的安全保护、动态医学影像分析、医学影像数据库管理等。因篇幅限制，这里不再赘述。

1.4.2 深度学习在医学影像评估中的优势

传统机器学习通常基于先验知识和经验，需要人工设计特征提取算法和选择分类器，这对易于人工设计特征提取的任务，例如文本识别等任务，可能更合适。而对于难以人工设计特征提取的任务，例如图像处理，深度学习技术展现出显著优势。

1. 自动学习特征

深度学习模型具有自动特征提取能力，能够从原始影像像素数据中学习高层次的抽象特征，例如边缘、形状、纹理等，无须手动设计特征提取，因此更适合图像处理任务。尤其是 CNN 具备高效的特征提取和泛化能力，是最常用的深度学习模型之一，已广泛应用于图像分类、目标检测和图像分割等任务。本书将在第 2 章对 CNN 进行简要介绍。

2. 能够处理端到端的任务，并且在大量数据支持下表现优异

由于深度学习能够自动学习复杂的特征，适用于图像识别等端到端任务。深度网络的预处理层、特征提取层和分类层参数从数据中自动学习调整，无须手动设计。而且随着数据量的增长，深度学习模型的性能可进一步提升，以适应新的医疗需求。

3. 具备高度的灵活性和非线性建模能力，适用于复杂和多样化的问题

深度学习模型通过多层网络结构，能够表示任意非线性函数关系，捕捉复杂的模式。同时，神经网络通过矩阵运算具备并行计算能力，在 GPU 硬件的助力下，可大幅提升模型计算速度。对于异常复杂的影像，深度学习模型仍能提供诊断支持。

1.4.3 深度学习在医学影像评估实践中的挑战

尽管深度学习在医学影像评估中展现出显著优势，但仍面临如下挑战。

1. 数据依赖性

深度学习模型需要大量的高质量标注数据进行训练。医学影像的数据获取可能涉及侵入性检查，这增加了医疗数据获取成本和难度。而且医学影像数据的标注需要专家知识和技能，这使得标注过程具有较高的时间和成本投入。此外，对一些罕见病，存在数据类别不平衡问题，会影响模型的性能。由于医学影像数据的多样性有限，小样本或异质数据可能使模型过拟合，影响其泛化能力。而不同设备、不同操作者采集的医学影像可能存在格式不统一或质量差异，这也会影响模型的泛化能力和性能。

2. 模型解释性不足

深度学习模型的决策过程较为复杂，深度学习模型通常被称为"黑箱"，其决策过程难以被人类理解，也缺乏解释机制，这影响深度模型在临床应用中的接受度。

3. 计算资源需求高

训练一个深度学习模型通常需要强大的计算资源支持和大量的训练时间，通常依赖于GPU加速运算，这在资源受限的医疗环境中成为一个挑战。

尽管面临数据依赖性、可解释性不足和计算资源需求高等问题，但随着数据采集技术的进步和模型优化算法的发展，深度学习在医学影像评估中的应用前景广阔。

前述临床诊断评价脊柱侧凸的常用的3项指标，即Cobb角、椎体旋转度和Risser征，均是基于二维X线图像提取的，而脊柱侧凸是三维畸形，X线成像将三维畸形投影到冠状面或矢状面，因此从X线图像测量的Cobb角或椎体旋转角，可能比真实畸形的角度小。虽然CT可以获取三维数据，但CT辐射伤害大，不适合用作对脊柱侧凸的诊断或跟踪检查。因此，本书将采用人工智能技术，除了自动提取这3项二维指标，还提出从正位相X线图像重建三维脊柱的方法，为医生的诊断评估提供直观的三维脊柱模型，这必将有助于对脊柱侧凸的诊断评价。

此外，采用机器学习方法对脊柱进行分析评估时，需要大量的三维脊柱模型训练数据。对青少年脊柱侧凸病例，短时间内难以收集到足够的训练数据。本书将基于深度学习，自动生成脊柱侧凸病例三维模型。这将有助于后续采用机器学习方法分析脊柱生物力学特性，获得脊柱在不同矫治力下的应力、应变或位移等生物力学特性，从而有助于治疗方案的规划设计。

第 2 章

脊柱 X 线图像 Cobb 角自动测量

由于 Cobb 角的手工测量方法存在操作者误差，为了减少测量的主观性，消除操作者误差，本章介绍基于深度学习的 Cobb 角自动测量方法。

本章提出的基于脊柱 X 线图像分割的 Cobb 角测量过程如图 2.1 所示。首先将脊柱 X 线图像输入到分割网络中，分割脊柱各椎体。然后根据椎体分割结果测量 Cobb 角，并实现测量结果的可视化。

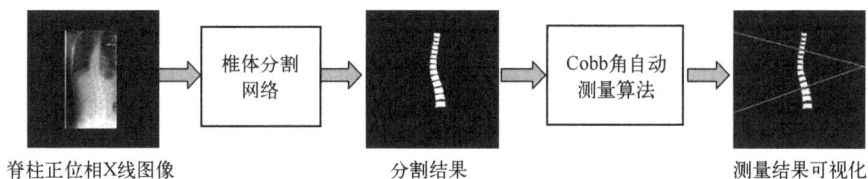

脊柱正位相X线图像　　　　　　　　分割结果　　　　　　　　测量结果可视化

图 2.1　基于脊柱 X 线图像分割的 Cobb 角测量过程

2.1　Cobb 角计算机辅助测量方法研究现状

2.1.1　基于传统图像处理的 Cobb 角计算机辅助测量方法研究进展

随着计算机技术的蓬勃发展，近二十年来已有不少研究者采用传统的图像处理方法进行 Cobb 角的计算机辅助测量，以消除或减少 Cobb 角测量的操作者误差。基于传统图像处理的自动测量方法通过对脊柱 X 线图像进行处理，提取椎骨的形态特征用于 Cobb 角的自动测量。

本书作者 2009 年已提出了一种基于霍夫变换（Hough Transform）的 Cobb 角自动测量

算法[14]，首先对人工选定的椎体感兴趣区域（Region of Interest，ROI），使用坎尼算子（Canny Operator，又称坎尼边缘检测算子）获取 ROI 的边缘二值图，在二值图上结合椎体形状先验约束运用模糊霍夫变换检测椎体终板，从而测量出 Cobb 角。该方法并非全自动的，需要人工选取椎体 ROI。类似地，孔杜（Kundu）等人[15]提出了一种半自动的 Cobb 角计算方法，该方法首先在正位相 X 线图像中手工选择端椎，然后使用欧几里得裁剪均值滤波器对初始图像进行去噪，并适当地从图像中进行自动阈值选择，提高了坎尼算子的性能。最后利用霍夫变换进行椎体倾斜度检测，来完成 Cobb 角的测量。萨尔佐诺（Sardjono）等人[16]提出一种基于带电粒子束的物理模型方法，该方法在脊柱 X 线图像上确定单个椎体的左右边缘，将其数值转换为电场。椎骨边缘相应地具有较高的负电荷，带电粒子会沿着边缘运动，从而提取整个脊柱的边缘信息以拟合出脊柱的边缘曲线。该方法是一种全自动的 Cobb 角测量方法，但比较依赖脊柱 X 线图像的质量。阿尼塔（Anitha）等人[17]提出一种基于经典滤波器的 Cobb 角测量方法，通过对 X 线图像进行滤波，从而提取整体轮廓特征来进行 Cobb 角的测量，该方法同样受限于脊柱 X 线图像的质量。慕克吉（Mukherjee）等人[18]从双边滤波、非局部均值滤波、主邻域字典非局部均值滤波和块匹配三维滤波 4 种图像去噪技术中通过比较选择了最佳的滤波器来提取特征。针对 X 线图像对比度较差的问题，运用直方图均衡方法增强图像对比度，之后使用 Otsu 阈值法来定位椎骨的 Canny 边缘点，最后同样利用霍夫变换检测到脊柱端椎的边缘来估计 Cobb 角。该方法处理步骤较为烦琐，算法复杂程度较高。

综上所述，基于传统图像处理的方法一般需要将脊柱 X 线图像经过图像预处理，包括图像滤波、增强、分割、边缘检测和特征提取等，最终实现 Cobb 角的自动测量。这些方法对脊柱 X 线图像的质量有较高的要求，大部分方法需要手工定位椎体，是半自动方法，但手工定位椎体相比手工测量 Cobb 角简单得多，因此使用这些方法能一定程度上减少 Cobb 角测量的主观性和操作者误差。

2.1.2 基于深度学习的 Cobb 角计算机辅助测量方法研究进展

目前，深度学习已经广泛应用于医学影像处理领域，尤其是卷积神经网络（Convolutional Neural Network，CNN），通过使用卷积层和池化层来提取图像的局部特征并降低网络参数维度，非常适合用于高效地处理图像等高维数据。基于深度学习的方法不需要人工设计特征提取或图像预处理算法，但需要设计神经网络模型的结构，并且需要充足的训练数据来训练神经网络，这样才能取得较好的泛化能力。基于深度学习的 Cobb 角测量方法可分为直接测量方法和在椎体分割基础上的间接测量方法。

1. 基于深度学习的 Cobb 角直接测量方法

直接测量方法主要通过使用神经网络直接对 X 线图像进行椎体关键点检测，根据这些关键点计算出 Cobb 角，实现 Cobb 角全自动测量。其中 2017 年提出的 BoostNet[19] 将统计方法与 CNN 的强大特征提取能力相结合，直接对椎体关键点进行检测。该方法针对已有的 Cobb 角测量算法缺乏鲁棒性的弊端，只须提取椎体关键点就可以进行 Cobb 角的测量，解决了脊柱 X 线图像质量低导致的测量误差大的问题。而后在 BoostNet 的基础上，又开发了一种多视角的 Cobb 角自动估计方法 MVC-Net[20]，相较于 BoostNet 仅在正位相脊柱 X 线图像上进行 Cobb 角估计，该方法引入了侧位相 X 线图像的信息用于监督椎体关键点的估计，在提高模型的鲁棒性的同时也减少了测量误差。

在 MVC-Net 的多视角监督的思想下，2019 年提出了 MVE-Net[21]，该方法预先使用了关键点的标签坐标来计算相应的 Cobb 角，直接对 Cobb 角进行估计。该方法提出了一个多视角外推网络模型，并舍弃了椎体关键点的估计，只测量 Cobb 角。

类似的，在多视角监督的启发下，2022 年提出了 MPF-Net[22]，该方法将椎体检测分支和关键点检测分支相结合，为关键点检测提供有界区域，并通过对椎体关键点的检测完成了 Cobb 角的测量。2023 年提出的 VLTENet[23] 先对椎体中心点进行定位，并进行椎体倾斜估计确定椎体的位置，进而实现 Cobb 角的测量。

直接测量方法存在一定的弊端：其一，由于脊柱 X 线图像中噪声和伪影的干扰，直接对椎体关键点进行检测并计算出 Cobb 角时，测量结果受限于脊柱 X 线图像的质量；其二，这些方法大多数需要用到正位相和侧位相的脊柱双平面 X 线图像，对仅有正位相 X 线图像的情况不适用，并且对实验数据的标签的精度要求较高。

2. 椎体分割基础上的 Cobb 角间接测量方法

2014 年全卷积网络（Fully convolutional networks，FCN）[24] 的提出使得 CNN 能够实现图像像素级的分类，即语义分割。2015 年 U-Net[13] 的提出标志着语义分割应用于医学图像领域。而在这之后，又有 U-Net++[25]、U2Net[26] 等新的架构进一步提高了医学图像分割的精度。许多研究者基于椎体分割的网络架构实现了 Cobb 角自动测量。相较于直接测量方法，这些方法虽然处理步骤较烦琐，但精确的椎体分割可获得更高的 Cobb 角测量精度。文献［27］提出了基于 U-Net 的脊柱 X 线图像分割网络，并设计了 Cobb 角自动测量算法，但因为分割精度较低，导致 Cobb 角测量的误差较大。洪（Horng）等人[28] 开发了一种自动测量 Cobb 角的方法，该方法先检测椎体，并将脊柱图像裁剪成单个椎体图像，通过对椎体分割结果进行重构，实现 Cobb 角测量。文献［29］提出了一种基于深度学习的椎体分割和关键点检测结合的 Cobb 角测量算法，该方法依赖于椎体关键点检测的精度。Rahmaniar[30]等人提出了一种结合椎体关键点检测和椎体目标检测的 Cobb 角测量算法，该方法通过定位椎体关键点的位置并完成椎体目标检测，最后实现自动测量 Cobb 角；但该方法步骤烦琐，运算量大。文献［31］提出的方法通过椎体检测得到脊柱的曲线，通过曲线的曲率估计 Cobb 角。文献［32］回顾了 AASCE2019 挑战（使用脊柱正位相 X 线图像进行自动脊柱曲率估计的挑战赛），在这个挑战赛中，有的方法分割了脊柱的边界，并使用 CNN 来估计角度；有的方法将椎体和椎间盘分割作为中间状态，再将多个网络集合来估计 Cobb 角。这些方法在分割准确的前提下都实现了 Cobb 角的精确测量。但是，这些分割方法的精度与 X 线图像质量有关。

现有的基于深度学习的 Cobb 角测量方法存在或测量精度低或测量过程烦琐的问题。虽然近年来提出的这些方法降低了 Cobb 角的测量误差，但测量精度还有一定的提高空间，而测量过程也还有优化的空间。相比基于传统图像处理的 Cobb 角测量方法，基于深度学习的 Cobb 角测量方法，不论直接测量还是间接测量，都需要充足的训练数据，才能完成精确测量。

2.2 神经网络模型——U-Net 模型

目前，深度学习方法，尤其是 CNN，在医学图像处理中得到了广泛应用。CNN 在不同尺度的感受野下，能学习到的特征不同，大的感受野能够更多学习到全局特征，而小的感受野能够更多学习到局部的细节特征。因此，CNN 相比一般的全连接前向网络更适合应用于图像处理领域。目前，大多数主流的图像数据分类模型都是基于 CNN 的一系列改进。图像分割或目标检测也可当作是分类任务，即把每一像素分为目标或非目标两类。U-Net[13]是一种 2015 年提出的 FCN 架构，专用于图像分割任务。本章分割脊柱 X 线图像就是基于 U-Net 模型，本节对 U-Net 模型进行简要介绍。

2.2.1 卷积神经网络（CNN）

CNN 由输入层、卷积层、池化层和全连接层组成。输入层用于输入图像数据，卷积层是 CNN 中提取图像特征的核心组件，池化层进行下采样来减少网络参数。在图像分类任务中，经过多轮卷积层和池化层处理后，CNN 最后一般会由全连接层来输出最后的分类结果，输出层是整个 CNN 的输出，在图像分类的任务中，输出值通常是代表各个类别的概率。

1. 输入层

输入层是 CNN 的第一层，就是原始图像数据或者经过预处理后的图像数据。对于 $N \times N$ 大小的灰度图像，CNN 的输入层为 $N \times N$ 矩阵，对于彩色 RGB 格式的 $N \times N$ 大小的图像，CNN 的输入层则为 $N \times N \times 3$ 的矩阵，即红色 R、绿色 G、蓝色 B 通道中各有一个 $N \times N$ 维的矩阵。图像数据传入 CNN 后，通过后续多个卷积层和池化层进行特征提取，最终得到输出结果。

2. 卷积层

卷积层是 CNN 中的核心层，卷积是一种线性运算。卷积操作是将一个滑动小窗口与输入图像进行逐元素相乘再相加的操作。如图 2.2 所示，该小窗口是一组固定权重的矩阵，可以被看作是一个特定的滤波器，称为卷积核（Kernel），其大小通常小于该卷积层的输入矩阵。通过移动卷积核与图像的不同位置进行卷积操作，即以一定步长（Stride）从左到右、从上到下对输入图像进行遍历，来提取图像中的特定特征。不同的卷积核将提取不同的图像特征，卷积核的权重就是通过训练神经网络获得的参数。合理设计卷积层可以实现参数共享和局部连接，从而降低模型的参数量和计算量。经过某卷积层的输出可当作是特殊的图像，称为特征图。某个卷积层的输出特征图又作为下一层的输入数据，从而实现了特征的传递和提取。特征图的尺寸由卷积核尺寸、卷积核移动的步长和输入矩阵填充（Padding）共同决定。步长是滑动卷积核的跨度，用于控制卷积核在输入数据中的滑动速度。填充是在输入矩阵周围补充一圈边缘数据，通常是填充 0，以方便从初始位置以步长为单位卷积核刚好滑动到矩阵末尾位置，即总长能够被步长整除，从而对边缘部分也可作卷积处理。经过卷积操作输出特征图的尺寸可以通过输入特征图的大小、卷积核的大小、填充的大小以及卷积的步长计算出来：

$$W_{out} = \frac{W_{in} - k + 2p}{S} + 1 \tag{2-1}$$

式中，W_{out} 为输出矩阵尺寸，W_{in} 为输入特征图或原始图像尺寸，k 为卷积核大小，p 为填充大小，S 为步长。对计算出现非整数的情况进行向下取整即可。

作为例子，图 2.2 展示了卷积操作，左侧的输入图像是一个大小为 5×5 的矩阵，中间的卷积核是一个大小为 3×3 的矩阵，步长为 1 则每次卷积核移动 1 格，不需要边缘填充，输入数据和卷积核卷积后将获得大小为 4×4 的矩阵。

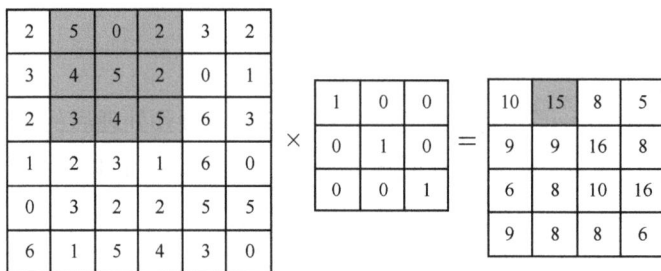

图 2.2　卷积操作示例

3. 池化层

在 CNN 中，池化层位于卷积层之后，池化层的主要功能是减小特征图的维度，同时确保关键特征得以保留，相当于进行下采样。在池化层的输入特征图上取一个滑动窗口，如图 2.3 所示，若对该窗口内的元素取最大值称为最大池化，若取平均值则称为平均池化，从而实现对特征图尺寸的缩减，这样可以减少下一层参数量。图 2.3 中，输入的特征图是一个大小为 4×4 的矩阵，池化窗口的大小为 2×2，步长为 2，则该池化层输出一个大小为 2×2 的特征矩阵，相对于输入特征图像缩小了 2 倍，参数量缩小了 4 倍。最大池化的优点是能够突出显示最重要的特征，但缺点是可能会丢失一些有用信息。平均池化的优点是能够平滑特征，减少过拟合的风险，但缺点是可能会模糊一些重要的细节。

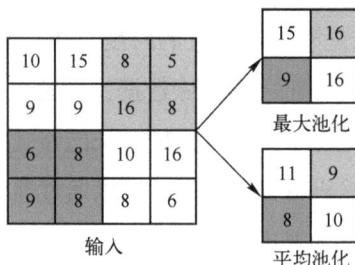

图 2.3　池化操作示例

4. 全连接层

在 CNN 架构中，全连接层一般位于卷积层和池化层之后，将卷积层和池化层输出的特征图矩阵展平（Flatten）为一维向量作为全连接层的输入。全连接层在 CNN 中也扮演着重要角色，主要用于综合和解释已学习的特征。如果说卷积层、池化层是学习原始数据与高级特征之间映射关系的，那么全连接层则是学习这些高级特征到目标结果之间映射关系的。简单的全连接层结构如图 2.4 所示，两层之间所有神经元都有权重连接，这些权重也是通过训练神经网络获得的参数。最后一层全连接层的激活函数一般采用 Softmax 激活函数，输出不同类别的概率分布，以进行分类。

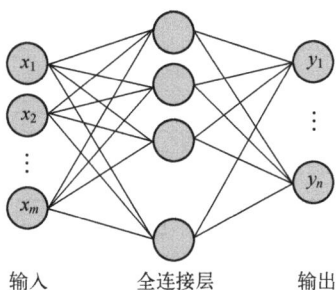

图 2.4　简单的全连接层结构

2.2.2　U-Net 模型

医学影像多为灰度图像，相对于自然景象图像，医学图像的语义信息较为简单。所以医学图像中的特征在处理中都十分重要，一般无须过滤冗余信息。但是，带标注的医学图像数据一般数量很少。如何用小样本数据集训练来获取精确分割结果，是医学图像分割的热点研究问题。U-Net 模型[13]为这一问题提供了解决思路，即多层次特征信息复用。U-Net 模型如图 2.5 所示，主要结构为编码器、跳跃连接和解码器三个部分。其中左侧的编码器通过卷积和下采样操作获取图像不同尺度特征，多个卷积层和池化层级联使用，每一层编码结构由两个 3×3 的卷积层串联提取特征图，然后经过激活函数，最后通过一个 2×2 的最大池化层来突出前景特征，每次池化后图像缩小一半。跳跃连接的作用是将编码器获得的浅层信息与解码器获得的深层信息相融合。解码器通过上采样和反卷积操作来恢复图像尺度并提取融合后的特征，每一层解码结构由一个反卷积层和特征拼接结构组合来扩大图像，扩大之后接两个 3×3 的卷积层和 ReLU 激活函数激活特征图，最终输出分割结果。

U-Net 模型广泛应用于各种医学图像分割任务中。但它的结构过于简单，面对脊柱 X 线图像分割这种复杂的任务时，存在如下三个不足。

1. 在同级间缺乏多尺度特征提取能力

U-Net 的编码器和解码器通过连续下采样和上采样操作，以获取不同尺度的信息。然后通过跳跃连接方式将编码器和解码器获取的不同尺度信息融合，以达到多尺度特征提取的目的。这种方式只考虑了不同层级之间的尺度信息，在同一层级间缺乏多尺度特征提取能力。

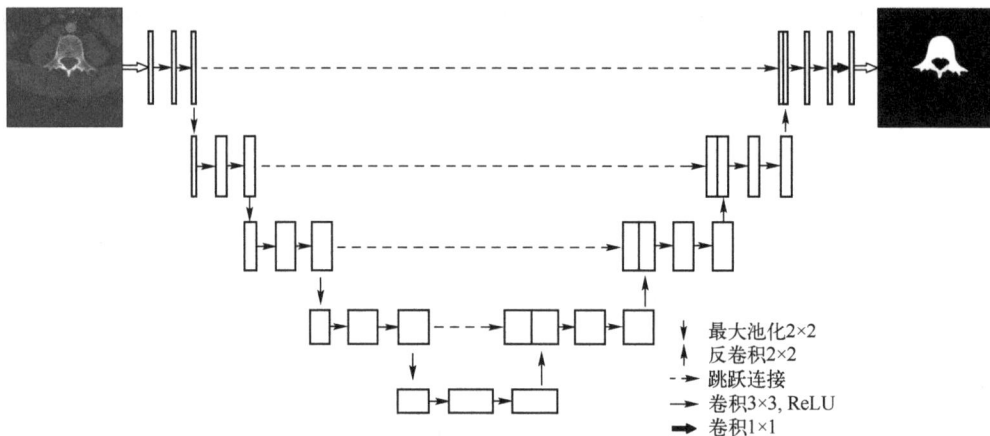

图 2.5　U-Net 模型

2. 跳跃连接方式的特征融合不全面

U-Net 的编码器采用最大池化层进行下采样，以最大值代替局部。解码器采用反卷积进行上采样，通过插值来恢复图像的分辨率。这两个操作会造成部分信息丢失的问题。为了缓解这个问题，U-Net 设计了跳跃连接。跳跃连接方式只在通道维度上对编码器和解码器获取的特征进行融合，忽略了空间位置信息对图像分割的重要性，存在特征融合不足的问题。

3. 缺乏特征筛选

U-Net 通过多次跳跃连接以融合不同尺度的特征，这将导致信息的冗余。越是靠近网络的输出层，网络融合的信息越多，无用的信息也越多，导致网络不能关注到重要信息。

2.3　改进的 U-Net 脊柱图像分割网络

本节提出多尺度特征融合的脊柱 X 线图像分割网络，将全局特征与局部细节特征融合，提高了椎体分割精度。基于分割结果在 2.4 节提出 Cobb 角的测量算法，实现 Cobb 角的自动测量。

2.3.1　改进的 U-Net 分割网络结构

本章提出的改进的 U-Net 分割网络结构图如图 2.6 所示，这是在 U-Net 模型的基础上改进而来的。输入图像的大小为 256×256，训练图像只有一个通道。本章采用了可以实现多尺度卷积的 Inception 模块[33]替换了 U-Net 的下采样卷积核，并在 Inception 模块的后面加入了残差模块用于解决多尺度特征提取训练时可能存在的梯度爆炸和梯度消失问题。输入的图像经过 4 次下采样操作后，特征图的大小逐渐减小，深层的特征也逐渐被网络提取。在网络的瓶颈层，加入了卷积块注意力模块（Convolutional Block Attention Module，CBAM)[34]，用于网络特征提取的注意力监督。通过跳跃连接路径，对浅层特征与上采样恢复的特征进行融合。最后经过 4 次上采样，特征图恢复了原图大小并最终输出分割结果。

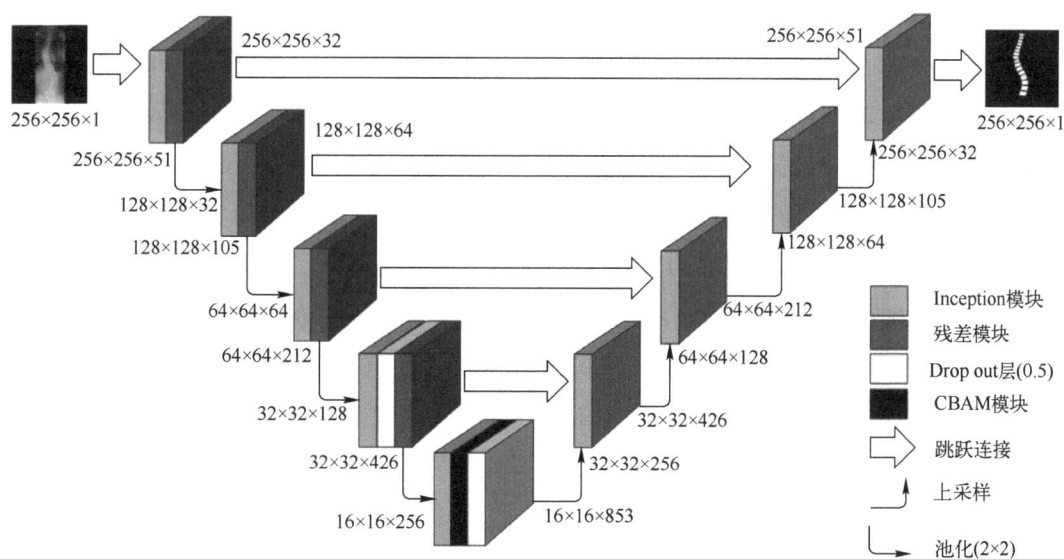

图 2.6　改进的 U-Net 分割网络结构图

2.3.2　多尺度卷积的 Inception 模块

对于 CNN，深层的神经网络通常比浅层的神经网络具有更好的特征提取性能。Inception 网络[33]是一种利用多尺度卷积核提取更丰富的图像特征并进行特征融合以获得更好特征表示的方法。Inception 网络在不增加网络深度的情况下拼接不同尺度的卷积核，从而获得更好的性能。

在神经网络发展的过程中，研究者们发现提升网络性能最直接的方法就是增加网络的宽度和深度，但是这样的方式通常容易带来以下 3 个问题：①随着网络的宽度和深度的增加，模型参数量过大，如果训练数据集规模较小，网络很容易产生过拟合；②网络的宽度和深度加大，其计算复杂度就会加大；③随着网络的加深，网络有可能出现一定程度的梯度爆炸或梯度消失的问题。为了解决这些问题,一种常见的思路是通过更改网络结构,在减少模型参数量的同时,使得网络的宽度和深度不变。可以通过将网络的全连接变成稀疏连接,来减少模型参数。但是在神经网络结构的实际设计中,将网络的全连接层替换为稀疏连接后,网络的计算量并不会大幅度减少。为了解决这一问题,Google 团队提出了 Inception 网络结构,实现了一个具备稀疏性和较高计算性能的模型。在最初提出的 Inception V1 中,Inception 模块的设计与常见的 CNN 结构不同,一般的卷积层采用的是串联的设计思路,而在 Inception 模块中则是采用将多种不同规格的卷积层并联的方式。在 Inception V1 模块中,选择的卷积核大小分别为 1×1、3×3、5×5,最终将各自所得到的特征图拼接在一起,作为这一层的输出。

Inception V2 在 Inception V1 的基础上,采用了批归一化(Batch Normalization,BN)层,并通过使用 2 个 3×3 的卷积核来代替 5×5 的卷积核,进一步减少了参数量。批归一化层可以解决网络前向传播过程中产生的内部协变量偏移。而在本章所提出的模型中,需要使用 3×3、5×5 和 7×7 卷积核进行不同尺度的特征提取。然而,5×5 和 7×7 卷积核会极大地增加网络的计算量和参数量。为了减少网络的计算量和参数量,本章结合了 Inception 网络的思想,分别连接 2 个和 3 个 3×3 卷积核来代替 5×5 和 7×7 卷积核。本章使用的改进 Inception 模块结构图如图 2.7 所示,它同时采用了 1×1 卷积核的短连接来提取图像的空间信息。在此模块之后,特征图将经过 ReLU 激活函数和最大池化层。

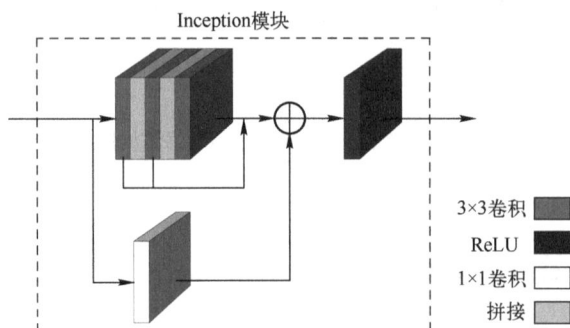

图 2.7 本章使用的改进 Inception 模块结构图

2.3.3 残差模块

多尺度卷积的 Inception 模块扩大了 CNN 的深度和宽度。而在神经网络的训练过程中,网络加深或变宽有可能导致网络出现梯度爆炸或梯度消失的问题。在 ResNet[35] 中,使用 1×1 短连接来解决梯度爆炸或梯度消失的问题。

当图像通过 Inception 模块时，将 3 个不同尺度卷积核的特征映射连接起来。为了使输入特征与上采样层的输出特征融合，增加残差模块来调整特征图的大小，以解决梯度爆炸或梯度消失的问题。残差模块结构图如图 2.8 所示，它由 3×3 卷积核和 1×1 卷积核组成。同时采用 ReLU 激活函数和批归一化处理，可提高收敛速度。

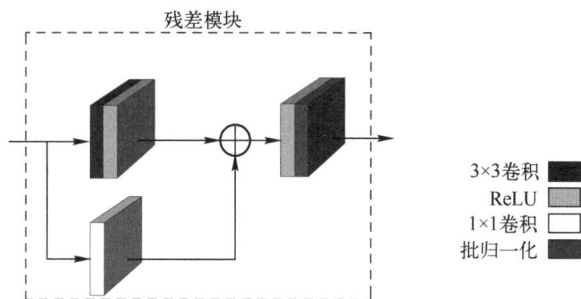

图 2.8 残差模块结构图

2.3.4 卷积块注意力模块（CBAM）

CBAM[34]可以自动学习通道特征的重要性，从而关注重要特征，同时也减少了网络学习过程中无用特征的数量。CBAM 包括空间注意力模块和通道注意力模块。考虑到在不同通道中像素的重要性及其在给定通道中的位置，使用 CBAM 将空间注意力模块和通道注意力模块集成在一起，以改善分割结果。CBAM 结构图如图 2.9 所示，使用 CBAM 从特征图中提取特征，同时将空间信息和通道信息相乘并混合到特征图中，这一步可以帮助网络学习空间和通道信息，从而基于空间维度和通道维度，确定特征映射的重要性。

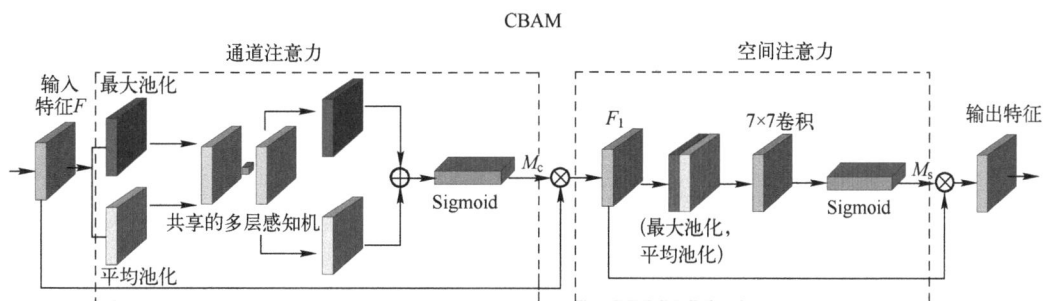

图 2.9 CBAM 结构图

如图 2.9 所示，给定输入特征 $F \in \mathbb{R}^{C \times H \times W}$，通过通道注意力模块和空间注意力模块，依次求解得出通道注意力 $M_c \in \mathbb{R}^{C \times 1 \times 1}$ 和空间注意力 $M_s \in \mathbb{R}^{1 \times H \times W}$。注意力特征处理过程如

式（2-2）和式（2-3）所示：

$$F_1 = M_c \otimes F \tag{2-2}$$

$$F_2 = M_s \otimes F_1 \tag{2-3}$$

式中：$\otimes$ 表示特征图逐个元素相乘，在这个过程中，注意力的权重沿着通道维度和空间维度传递；F_2 是最终的特征图输出。

在通道注意力模块的运算过程中，网络会利用输入特征在不同的特征通道之间的关联程度来生成一个通道注意力特征图。为了得到通道注意力的权重，并与输入特征的特征图进行加权监督，网络压缩了输入特征在空间上的维度。网络空间上信息权重的聚合，则是使用平均池化操作来完成的。网络中的最大池化层整合了来自不同对象附带的特征值，通过计算得到更精确的通道注意力。通过平均池化层和最大池化层的操作，通道注意力模块整合了特征图中存在的空间信息，生成了平均池化特征图 F_{avg}^c 和最大池化特征图 F_{max}^c。接下来 F_{avg}^c 和 F_{max}^c 被送入共享的网络层，生成了通道注意力图 $M_c \in \mathbb{R}^{C \times 1 \times 1}$。该共享网络层是由多层感知机即全连接前馈神经网络组成。通道注意力计算为

$$M_c(F) = \sigma(\mathrm{MLP}(\mathrm{AvgPool}(F)) + \mathrm{MLP}(\mathrm{MaxPool}(F))) \tag{2-4}$$

$$M_c(F) = \sigma(\mathrm{MLP}(F_{avg}^c) + \mathrm{MLP}(F_{max}^c)) \tag{2-5}$$

式中，σ 为 Sigmoid 激活函数，MLP 为多层感知机。

网络通过空间注意力模块，利用了输入特征在空间上的关系来生成空间注意力图。空间注意力模块更加关注特征在空间上的位置，可以提取通道注意力模块不能提取的空间特征，从而实现了两者的互补。空间注意力沿着通道的方向采用平均池化和最大池化的操作整合了特征图的通道信息，生成相应的平均池化特征 F_{avg}^s 和最大池化特征 F_{max}^s。之后这两个特征通过标准卷积层进行连接和卷积，生成了空间注意力图。空间注意力运算过程为

$$M_s(F_1) = \sigma(f^{7 \times 7}([\mathrm{AvgPool}(F_1); \mathrm{MaxPool}(F_1)])) \tag{2-6}$$

$$M_s(F_1) = \sigma(f^{7 \times 7}([F_{avg}^s; F_{max}^s])) \tag{2-7}$$

式中，$f^{7 \times 7}$ 表示维度为 7×7 的卷积运算。

2.3.5 脊柱 X 线图像椎体分割结果及其评估

1. 实施细节

➤ 损失函数

使用改进的 U-Net 模型来提取脊柱 X 线图像中的椎体，这是一个二值分割任务，标签

只有背景和椎体两种类型，因此使用二值交叉熵（Binary Cross-Entropy，BCE）作为损失函数。二值交叉熵定义为

$$BCE = -y \lg \hat{y} - (1-y) \lg(1-\hat{y}) \tag{2-8}$$

式中，y 为标签真实值，$\hat{y}$ 是其预测值。

> **实验设置**

实验环境是 Tensorflow 1.12 和 Keras。实验硬件配置采用内存为 8GB 的 RTX 2080 GPU。实验使用了 2 套脊柱 X 线图像数据集。数据集 1 包含 185 幅脊柱正位相 X 线图像，包括正常脊柱和青少年特发性脊柱侧凸病例，由云南省第一人民医院提供，其中 110 幅图像用作训练集，其余 75 幅用作测试集。数据集 2 是 AASCE2019 挑战赛的数据集，包含 98 幅正位相脊柱 X 线图像，用于评估由数据集 1 训练的分割网络的泛化性能和鲁棒性，以及后续依据分割结果计算所得 Cobb 角的准确性。

数据集进行标注后，进行图像预处理，将图像大小调整为 256×256，同时将标签转化为二值图像。通过翻转、裁剪和缩放图像来增强训练集的数据。翻转幅度和裁剪幅度分别为 0.2 和 0.05。翻转模式为水平模式。训练时学习率设为 0.0001。

2. 评价指标

使用 Dice 系数、精确度（Precision）和召回率（Recall）作为性能评价指标来评估分割结果可靠性和准确性，这些参数分别定义为

$$Dice = \frac{2|A \cap B|}{|A| + |B|} \tag{2-9}$$

$$Precision = \frac{TP}{TP+FP} \tag{2-10}$$

$$Recall = \frac{TP}{TP+FN} \tag{2-11}$$

Dice 系数用于比较分割结果 A 和标签 B 的相似度。TP、TN、FP、FN 分别为真阳性、真阴性、假阳性、假阴性的数据集合。

3. 分割结果评估

对分割网络，通过实验比较了不同的网络构造策略的有效性。首先在网络的不同位置添加 CBAM，来评估 CBAM 的有效性；然后评估网络中不同模块的性能，将 Inception 模块、残差模块和 CBAM 分别加入到网络中，评估这些模块的有效性。

➤ **CBAM 的有效性**

表 2.1 显示了使用不同训练策略的分割结果。可以看到，在瓶颈层中加入 CBAM 的模型，与其他策略相比，达到了最高的性能。CBAM 位于网络的瓶颈层，其 Dice 系数可以达到(81.46±0.41)%。与未添加 CBAM 的模型相比，Dice 系数提高了 3.39%。同样，在所有的池化层之前都加入 CBAM，分割精度反而不高。实验结果表明，将 CBAM 放入网络的瓶颈层可以有效地监督网络提取图像的底层特征，达到更高的分割精度。而将 CBAM 放入网络的浅层池化层之前，分割精度较低，说明 CBAM 对于帮助网络提取深层特征有重要的作用，而在网络的浅层上提取特征帮助较小。而将 CBAM 放入每一个池化层之前，其分割结果较差，说明对于脊柱 X 线图像的分割任务，深层特征更为重要。

表 2.1 不同训练策略比较

CBAM 位置	Dice 系数（%）
无	78.07±0.76
第一个池化层之前	78.14±0.53
第二个池化层之前	80.55±0.78
第三个池化层之前	80.51±0.78
最后一个池化层之前	81.15±0.24
网络的瓶颈层	81.46±0.41
所有池化层之前	78.61±0.21

➤ **消融实验**

我们设置考虑不同的网络结构来确认各模块的有效性。实验 1 模型是原始的 U-Net。实验 2 则是使用 Inception 模块替换了 U-Net 的下采样卷积核，并使用了一层残差模块。实验 3 在实验 2 的基础上在网络的瓶颈层加入了 CBAM。实验 4 在实验 2 的基础上使用了 4 层残差模块。而本章提出的方法则是在实验 4 的基础上，在网络的瓶颈层加入了 CBAM。通过这样的消融实验来证明本章提出的方法具有最佳的性能。

消融实验分割结果可视化如图 2.10 所示。不同方法获得结果之间的主要差异在图像上用方框标出。从图 2.10 可以看出，本章模型的分割结果误差更小，分割结果接近测试集的真实标签，与原始 U-Net 模型相比，分割结果有明显改善。

消融实验评估结果见表 2.2，与原始 U-Net 相比，本章方法分割结果的 Dice 系数提高了 5.65%。实验结果表明，将 Inception 模块、残差模块和 CBAM 加入 U-Net 模型后，都可以提高分割精度，而且使用 4 层残差模块其分割精度高于 1 层残差模块，说明当残差模块具有一定的深度时，对网络提取特征的能力有一定的帮助。

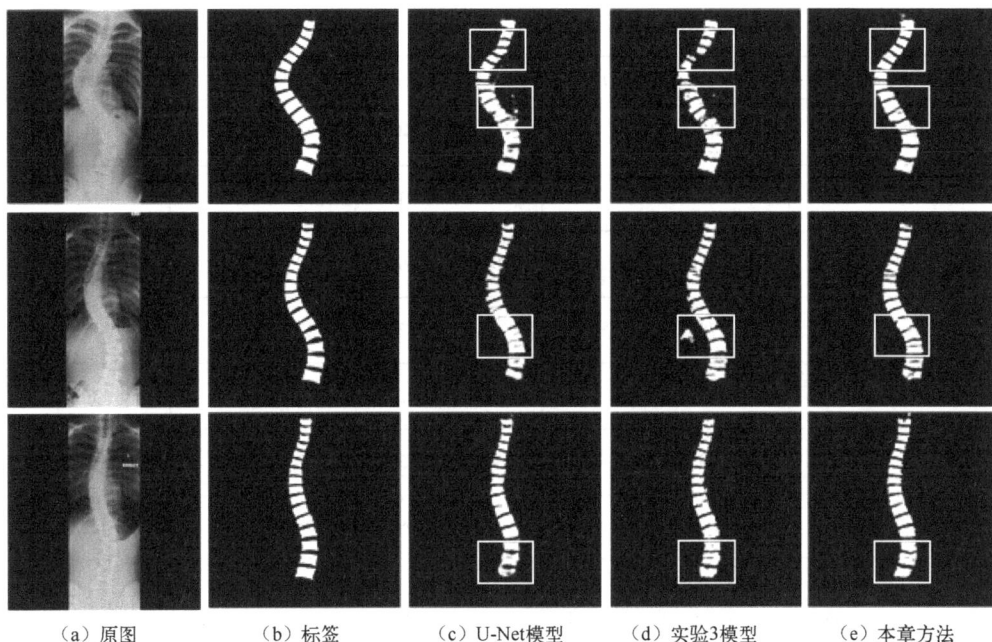

| （a）原图 | （b）标签 | （c）U-Net模型 | （d）实验3模型 | （e）本章方法 |

图 2.10　消融实验分割结果可视化

表 2.2　消融实验评估结果

方法	U-Net	Inception 模块	残差模块	CBAM	Dice 系数（%）
实验 1	√				75.81±0.62
实验 2	√	√	1 层		78.14±0.47
实验 3	√	√	1 层	√	79.29±0.85
实验 4	√	√	4 层		79.48±0.54
本章方法	√	√	4 层	√	81.46±0.41

➤ 分割结果比较

进一步将本章提出的方法与已有的分割模型进行比较，Dice 系数等结果及参数量见表 2.3。由表 2.3 可以看出，相对于 FCN8s[24]、DeepLabV3+[36]、SegNet[37]、U-Net[13]、U-Net++[25]、BASNet[38] 和 U2Net[26] 的模型，本章方法的 Dice 系数分别提高了 32.03%、33.58%、12.42%、5.65%、4.55%、6.22% 和 3.04%。并且本章模型中的参数比其他网络的参数小一个数量级。实验结果表明，本章提出的方法分割精度较高，相比于其他现有的模型参数量也相对较小。

表 2.3　不同模型分割精度及参数量对比结果

模型	Dice 系数（%）	准确率（%）	召回率（%）	参数量（Mbit）
FCN8s[24]	49.43±0.98	79.85±0.93	33.89±0.94	16.01

续表

模型	Dice 系数（%）	准确率（%）	召回率（%）	参数量（Mbit）
DeeplabV3+[36]	47.88±0.34	82.14±1.64	32.68±0.29	4.89
SegNet[37]	69.04±0.71	93.19±0.21	56.92±1.44	3.51
U-Net[13]	75.81±0.62	92.89±0.49	63.25±0.33	3.71
U-Net++[25]	76.91±0.62	93.27±0.33	67.00±1.26	1.12
BASNet[38]	75.24±0.62	93.46±0.33	71.48±0.85	66.16
U^{2}Net[26]	78.42±0.62	94.47±0.33	72.49±0.97	27.78
本章模型	81.46±0.41	93.34±0.08	74.06±0.05	1.08

不同模型分割结果比较如图 2.11 所示。可以看出，FCN8、DeepLabV3+和 SegNet 的分割结果较为模糊，且出现了大面积的椎体粘黏以及误分割的情况，而对于 U-Net、U-Net++、BASNet 以及 U2Net，虽然其分割结果优于前面几个模型，但还是出现了不同程度的误分割情况，主要出现在椎体的顶部和尾部。从分割结果看出，本章提出的模型的分割性能高于其他模型。

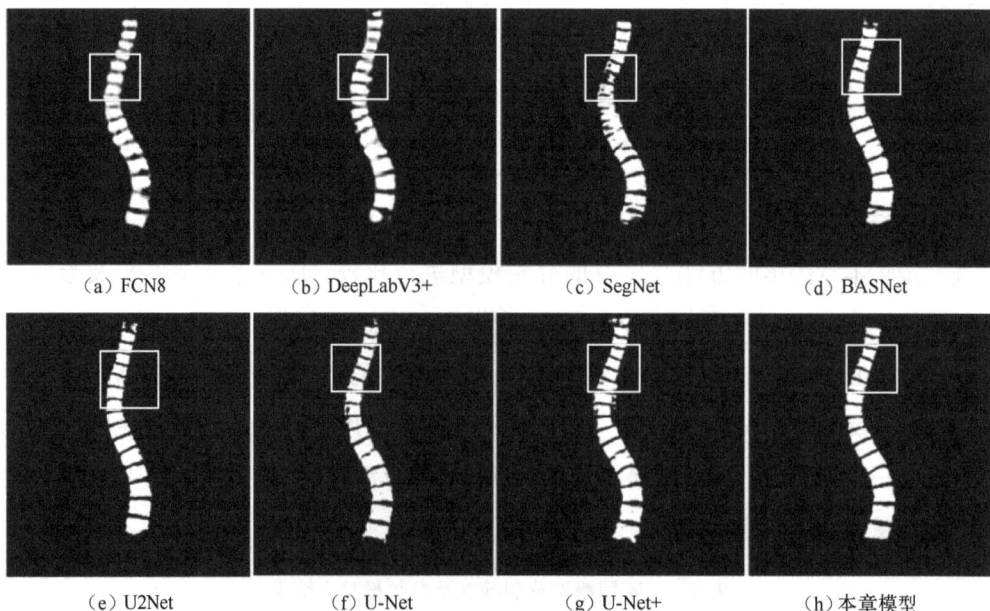

（a）FCN8　　　（b）DeepLabV3+　　　（c）SegNet　　　（d）BASNet

（e）U2Net　　　（f）U-Net　　　（g）U-Net+　　　（h）本章模型

图 2.11　不同模型分割结果比较

2.4　Cobb 角自动测量及实验结果评估

2.4.1　Cobb 角自动测量

基于椎体分割结果，本节提出一种自动测量 Cobb 角的方法，处理过程如图 2.12 所示。其中根据椎体轮廓确定其最小外接矩形是由 python-opencv 包中的 minAreaRect() 函数开发的。如图 2.13 所示，通过该函数可以提取最小外接矩形的 4 个顶点坐标（Box[0]、Box[1]、Box[2] 和 Box[3]）和矩形的偏转角。

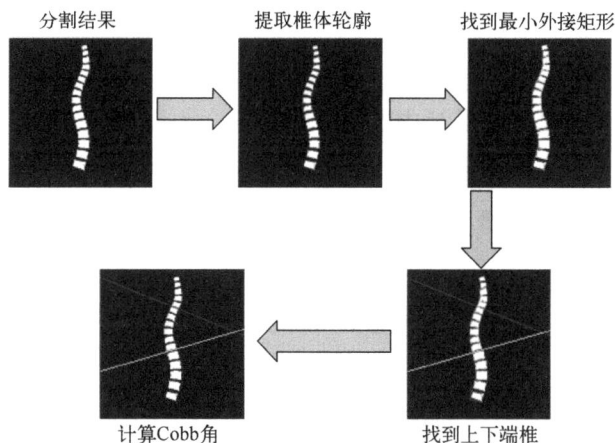

图 2.12　Cobb 角自动测量过程（可到华信教育资源网下载该图彩色图片）

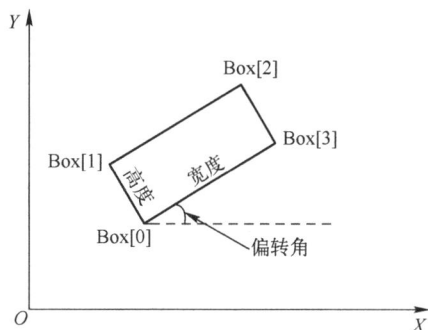

图 2.13　最小外接矩形

算法I为本章提出的 Cobb 角自动测量算法流程。脊柱 X 线图像的分割结果 S 是算法输入，而最终输出的是 Cobb 角测量值 C。首先，使用 python-opencv 包中的 cv2. findContours( ) 函数来获取椎体的轮廓 N，对 N 进行遍历。接着，使用 cv2. minAreaRect( ) 函数获取每个椎体轮廓所对应的最小外接矩形参数，其中就包含了最小外接矩形与水平面的夹角；根据该夹角，可以得到每个椎体的偏转角，并将偏转角存入字典 Corner 中。然后，依据偏转角大小确定上下端椎。其中：上端椎对应的是偏转角最小的椎体，其值为负；下端椎对应偏转角最大的椎体，其值为正。而 Cobb 角即为上下端椎的绝对值之和。

算法 I　Cobb 角自动测量算法

输入：脊柱分割结果 S，

输出：Cobb 角 C

1. 开始 for 循环遍历 S 中的每个元素 s：

2.　　　　获取椎体轮廓 N(cv2. findContours( ))

3.　　　开始 for 循环遍历 N 中的每个元素 n：

4.　　　　　　生成最小外接矩形 R(cv2. minAreaRect( ))

5.　　　　　　获取最小外接矩形和水平面的夹角 θ($R[2]$)

6.　　　　　　判断 θ 是否大于 0：

7.　　　　　　　　如果是，判断 $\mathrm{abs}(\theta)$ 是否大于 45°：

8.　　　　　　　　　　如果是，则 $\theta = 90 - \mathrm{abs}(\theta)$

9.　　　　　　　　如果不是：

10.　　　　　　　　　判断 $\mathrm{abs}(\theta)$ 是否大于 45°：

11.　　　　　　　　　　如果是，则 $\theta = 90 - \mathrm{abs}(\theta)$

12.　　　　　　将计算结果存入字典 Corner

13.　　　　　　Corner. append(θ)

　　　结束

14. 端椎 $a = \min($ Corner $)$

15. 端椎 $b = \max($ Corner $)$

16. $C = \mathrm{abs}(a) + b$

　　　结束

2.4.2　Cobb 角测量结果评估

1. 评价指标

采用平均绝对误差（Mean Absolutely Error，MAE）和对称平均绝对百分比误差（Symmetric Mean Absolute Percentage Error，SMAPE）来评估 Cobb 角测量结果。MAE 的定义为

$$\text{MAE} = \frac{1}{N} \sum_{i=1}^{N} |X_i - Y_i| \tag{2-12}$$

式中：X_i 为 Cobb 角自动测量值；Y_i 为作为真实值的 Cobb 角人工测量值；总共 N 个 Cobb 角测量值。SMAPE 定义为

$$\text{SMAPE} = \frac{100\%}{N} \sum_{i=1}^{N} \frac{|X_i - Y_i|}{(X_i + Y_i)/2} \tag{2-13}$$

2. Cobb 角测量结果评估

本章使用数据集 1 的 75 幅测试图像来进行评估。邀请了两名具有 20 年临床经验的骨科医生和一名骨科实习医生来进行手工 Cobb 角测量，将两名具有 20 年临床经验的骨科医生的 Cobb 角测量结果的平均值作为金标准，以此来评估自动测量方法的准确度。

如表 2.4 所示，本章方法的测量结果与金标准之间的 MAE 为 2.48°，该误差低于青少年脊柱侧凸进展评估 5° 的阈值。而骨科实习医生的测量结果与金标准之间的 MAE 为 5.81°，该误差已经超过了脊柱侧凸进展评估 5° 的阈值。Cobb 角的手工测量具有操作者误差，具有丰富经验的骨科医生测量结果与骨科实习医生测量结果存在较大差异。通过使用本章提出的自动 Cobb 角测量方法，可以消除操作者误差，并将测量误差控制在脊柱侧凸进展评估 5° 的阈值内。因此，本章提出的 Cobb 角自动测量算法可以在临床上实际使用。

表 2.4　Cobb 角的测量结果与金标准的对比

对比类型	MAE/(°)	SMAPE（%）
本章方法 vs 金标准	2.48	8.01
骨科实习医生 vs 金标准	5.81	15.31

为了进一步验证自动 Cobb 角测量方法的有效性，我们将本章方法与其他方法在公开数据集上进行比较。实验数据来源于 AASCE2019 挑战赛[32]，将 609 幅脊柱正位相 X 线图像作为训练集，98 幅脊柱 X 线图像作为测试集，该挑战赛旨在研究 Cobb 角的自动估计算法。我们对 AASCE2019 的测试集（98 幅图像）使用本章提出的方法来进行 Cobb 角测量，

并与挑战赛的前两名结果进行比较，见表 2.5。由表可知，本章提出的方法的 MAE 和 SMAPE 相对较低。实验结果表明，本章提出的 Cobb 角自动测量方法通过先分割椎体再进行测量，有效地降低了脊柱 X 线图像中存在的噪声和模糊所带来的影响。表 2.5 也列出了 MVE-Net[21] 等其他方法提供的测量结果，相比而言本章方法的测量误差最小。

表 2.5　不同方法 Cobb 角测量结果对比

AASCE2019 测试集		
方法	MAE/(°)	SMAPE（%）
Tencent[32]	4.85	21.71
XMU[32]	4.91	22.18
本章方法	3.42	20.39
数据集 1 测试集		
方法	MAE/(°)	SMAPE（%）
BoostNet[19]	7.13	20.95
MVE-Net[21]	7.81	18.95
LCE-Net[29]	3.15	27.12
本章方法	2.48	8.01

为了验证脊柱 X 线图像分割精度对 Cobb 角测量的影响，我们使用不同的脊柱分割模型分割结果计算 Cobb 角，并与金标准进行对比，在数据集 1 测试的结果见表 2.6。由表可见，使用本章提出的脊柱分割模型来完成脊柱分割并用于 Cobb 角自动测量，其测量结果相较于 U-Net 和 U-Net++有较低的 MAE 和 SMAPE 值。本章方法的脊柱分割 Dice 系数高于 U-Net 和 U-Net++的结果。实验结果表明，本章提出的 Cobb 角自动测量算法的精度取决于椎体分割的精度，分割精度越高，Cobb 角测量结果越准确。

表 2.6　使用不同分割方法的 Cobb 角测量结果对比

分割模型	MAE/(°)	SMAPE（%）
U-Net	4.07	13.44
U-Net++	3.47	11.11
本章方法	2.48	8.01

对基于椎体分割的 Cobb 角测量方法，椎体分割精度至关重要。图 2.14 所示的是自动 Cobb 角测量结果的可视化。根据分割结果提取上下端椎的位置，做出与上下端椎最小外接矩形中心线平行的辅助线，用于 Cobb 角的自动测量。图 2.14（a）中的椎体分割结果很好，由此可获得准确的 Cobb 角。图 2.14（b）中的分割结果很差，根据分割结果自动测量方法提取出错误的最小外接矩形，最终导致 Cobb 角测量错误。因此，对于基于分割

的 Cobb 角测量算法，良好的分割结果对 Cobb 角的测量非常重要。

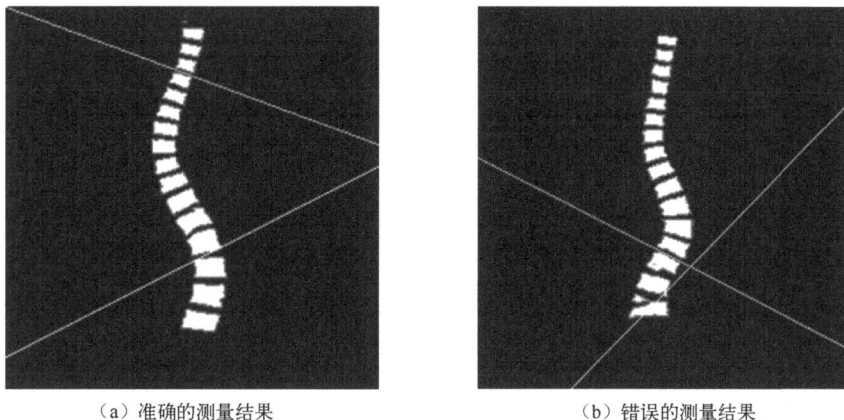

（a）准确的测量结果　　　　　　　（b）错误的测量结果

图 2.14　自动 Cobb 角测量结果的可视化

2.5　本章小结

本章提出了一种基于椎体分割的 Cobb 角自动测量方法，对脊柱正位相 X 线图像进行了高精度分割。与其他分割方法相比，本章提出的分割方法具有更好的性能。在此基础上，根据分割结果得到椎体的倾斜角度，计算获得 Cobb 角。实验结果证实了本章提出的 Cobb 角自动测量方法具有较高的准确度，测量误差低于脊柱侧凸进展评估中 5° 的阈值。本章提出的方法是全自动测量方法，因此消除了操作者误差，对于脊柱侧凸的诊断评估具有一定价值。

第 3 章

脊柱 X 线图像椎体旋转度自动测量

脊柱侧凸除了冠状面上脊柱偏离身体中线向侧方弯曲，通常还伴有椎体的轴向旋转。根据 Derup 法[10]或 Stokes 法[11]在脊柱 X 线图像上手工测量椎体旋转度，效率低且操作者误差大。通过医学图像关键点检测和医学图像分割技术，实现对脊柱正位相 X 线图像中的椎体关键点检测和椎弓根影的分割，可以获取测量椎体旋转度所需的关键特征，从而实现全自动测量，消除操作者误差，为青少年脊柱侧凸患者椎体轴向旋转的程度提供可靠评价。

本章提出的方法完成三个密切相关的任务：①估计脊柱正位相 X 线图像中椎体关键点坐标；②从脊柱正位相 X 线图像中分割椎弓根影；③基于 Stokes 方法，利用椎体的关键点坐标和椎弓根影中心坐标计算椎体旋转度。

本章提出的椎体旋转度自动测量方法流程如图 3.1 所示。首先，基于多任务学习的思想，对椎体关键点检测任务和椎弓根影分割任务，共用一个特征提取网络来提取椎体关键点和椎弓根影的特征。然后，将特征映射分别发送到关键点检测模块和椎弓根影分割模块。最后，将椎体关键点坐标热力图预测结果和椎弓根影轮廓送到椎体旋转度测量模块获得椎体旋转度。

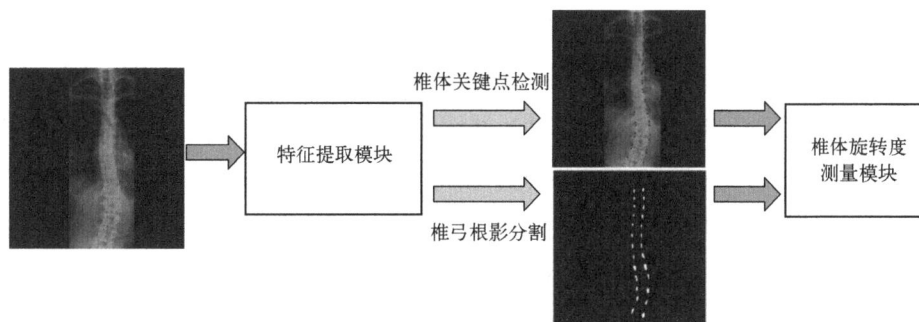

图 3.1 基于多任务学习的椎体旋转度自动测量方法流程

3.1　椎体旋转度计算机辅助测量方法研究现状

除了 Cobb 角，椎体旋转度是评估脊柱畸形进展的又一指标。随着计算机技术的蓬勃发展，已有研究者致力于开发计算机辅助诊断技术用于椎体旋转度测量。霍顿（Haughton）等人[39]提出了基于脊柱 MRI 图像的椎体旋转度计算机辅助测量方法；亚当（Adam）等人[40]和考恩霍文（Kouwenhoven）等人[41]分别提出基于 CT 的椎体旋转度计算机辅助测量方法。这些方法都高度依赖于 CT 或 MRI 中椎体的对称性。福斯伯格（Forsberg）等人[42]提出的方法使用脊柱 CT 进行三维重建脊柱后，先提取椎管中心线，再检测椎间盘，以此估计椎体中心点，最后估计椎体旋转度。但 CT 辐射较大，而 MRI 成本和检查费用较高，因此临床上更需要基于 X 线成像来测量椎体旋转度。

近年来，已有基于脊柱 X 线图像的椎体旋转度计算机辅助测量方法。Ebrahimi 等人[43]提出了一种基于 X 线图像中椎弓根检测的半自动测量方法，该方法需要在 X 线图像中定位脊柱的中线以及每个椎体的 4 个顶点，从而在感兴趣的矩形区域确定椎弓根影的位置，最终通过 Stokes 法得到测量结果。本书作者 2010 年也提出了基于自动检测椎弓根影中心的椎体旋转度半自动测量方法[44]。皮涅罗（Pinheiro）等人[45]提出的方法需要手工选择椎弓根影中心和椎体的宽度才能算出结果。这些方法一定程度上减少了操作者误差，但需要人为干预，均为半自动方法，因此不能完全消除操作者误差。

Bakhous 等人[46]提出的方法首先实现基于 X 线图像的脊柱三维重建，然后在重建的脊柱模型中定位椎弓根的位置，从而完成椎体旋转度的自动测量。相比于在二维 X 线图像上的测量，基于三维重建的测量方法虽然是全自动测量，但是其算法复杂程度远远大于在二维 X 线图像上进行测量。

基于 X 线图像的椎体旋转度测量大多采用 Stokes 法[11]或 Drerup 法[10]，而 Stokes 法或 Drerup 法测量的关键是椎弓根影中心等关键点的检测。目前已有不少关于椎体关键点检测的研究，但主要用于 Cobb 角测量，针对 X 线图像测量椎体旋转度的关键点检测方法并不多见。Logithasan 等人[47]提出了基于椎体分割以及椎弓根影分割的椎体旋转度自动测量方法。该方法通过椎体分割和椎弓根影分割来获取椎体的顶点坐标，从而实现 Stokes 法中关键参数的获取。这个方法首先将脊柱 X 线图像"切割"为单个椎体的 X 线图像，而后对数据进行标注，采用深度学习方法完成椎体分割和椎弓根影分割，该方法无法一次实现对每个椎体的旋转度测量。本章对 HRNet（High-Resolution Net）模型[47]进行改进，运用改进的 HRNet 模型提取相关椎体关键点和椎弓根影特征，同时检测所有椎体关键点并分割椎弓根影，从而计算出 Stokes 法的各项参数，能够同时获得所有相关椎体的旋转度。

3.2　神经网络模型——HRNet 模型

CNN 模型中通过卷积操作提取图像特征，每层卷积输出特征图的分辨率均小于输入图的分辨率。图像分割或目标检测等任务是位置敏感的，为了使位置信息更加准确，需要维持高分辨率的特征图。一般可通过上采样恢复高分辨率位置信息，但这样会导致有效信息的丢失。针对这一问题，HRNet 模型[48]通过并行多个分辨率的分支，能够在整个过程中维持高分辨率表示，并且不断进行不同分支之间的信息交互，实现提取特征信息的同时具有高分辨率的位置信息。

HRNet 模型主干网络结构如图 3.2 所示。它包括 4 个阶段：从高分辨率子网作为第 1 阶段开始，逐步增加从高分辨率到低分辨率的分支，形成后续各阶段，并将高分辨率子网并行连接，整个过程中通过在并行的多分辨率分支上反复交换信息来进行多尺度特征融合；最后通过网络输出的高分辨率表示来估计关键点或进行图像分割。

HRNet 模型各阶段包括基本结构和过渡结构两部分，分别表示为图 3.2 中的灰色线框部分和黑色线框部分。其中：第 1 阶段的基本结构由 4 个瓶颈模块构成，通过过渡结构新增 1 个下采样 2 倍尺度的分支；第 2 阶段和第 3 阶段的基本结构均由 4 个基础模块构成，而过渡结构除了新增下采样 2 倍尺度的分支，还进行了特征融合；第 4 阶段基本结构也采用基础模块，由于是最后 1 个阶段，过渡结构不再新增下采样分支，只对不同分辨率分支进行特征融合。不同分辨率分支进行融合时，同分辨率的层直接复制；较低分辨率的层使用双线性上采样提升分辨率，并用 1×1 卷积将通道数统一；较高分辨率的层使用 3×3 卷积下采样来降低分辨率，将不同分辨率的层统一分辨率后进行相加完成特征融合。

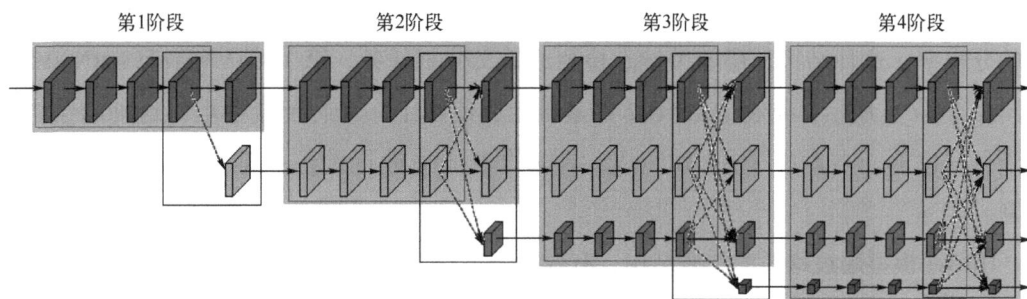

图 3.2　HRNet 模型主干网络结构

HRNet 模型第 1 阶段使用的瓶颈模块如图 3.3 所示，包含 3 个卷积层(1×1,3×3,1×1)，通过 1×1 卷积层先减少维度再恢复维度，即原来 256 通道可降为 64 通道，然后 64 通道可升为 256 通道；3×3 卷积层是瓶颈，即输入/输出维度最低（64 通道）。每个卷积层后面都有批归一化和 ReLU 激活函数。瓶颈模块用于降低特征维度，即减少特征图的通道数，这样可减少参数量从而减少计算量。HRNet 模型的第 2~4 阶段使用的基础模块如图 3.4 所示，包含通道数均为 64 的 2 个 3×3 卷积层，每个卷积层后面都有批归一化和 ReLU 激活函数。瓶颈模块和基础模块均有残差连接。

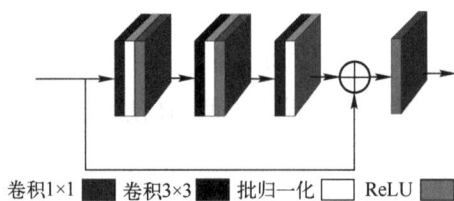

图 3.3　瓶颈模块

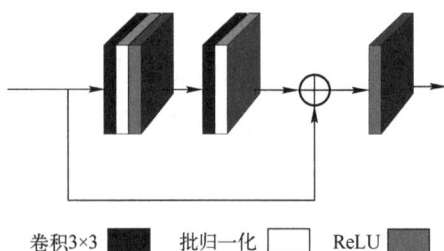

图 3.4　基础模块

最后输出的表征头根据不同任务可采用 3 种不同的结构，如图 3.5 所示。第 1 种结构称为 HRNetV1，如图 3.5（a）所示，表征头只使用分辨率最高的特征图，其他分辨率分支直接忽略，这种结构常用于人体姿态估计任务。第 2 种结构称为 HRNetV2，如图 3.5（b）所示，将所有分辨率的特征图进行串接，其中分辨率低的特征图先进行上采样以得到统一的分辨率，这种结构常用于关键点检测或语义分割任务。第 3 种结构称为 HRNetV2p，如图 3.5（c）所示，是在 HRNetV2 的基础上，使用了一个特征金字塔，这种结构主要用于目标检测。本章将采用 HRNetV2 结构的表征头进行椎体关键点检测和椎弓根影分割。

HRNet 模型通过这样的并联结构，有效融合不同尺度信息，并保持了高分辨率的位置信息，显著提升了关键点检测或分割的精度。因此，本章采用 HRNet 模型进行椎体关键点检测和椎弓根影分割。

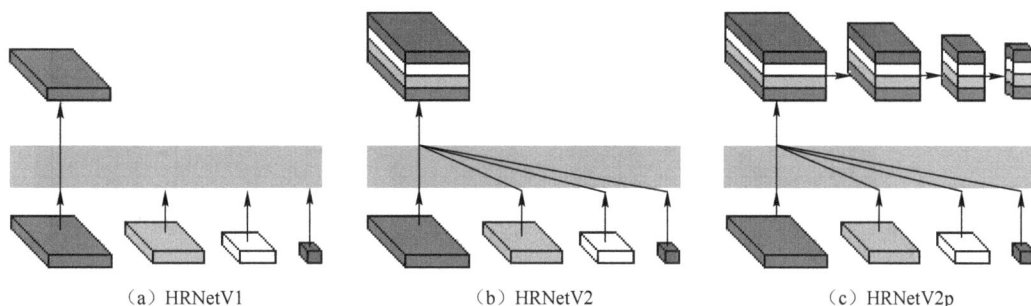

（a）HRNetV1　　　　（b）HRNetV2　　　　（c）HRNetV2p

图 3.5　输出不同结构的表征头

3.3　基于多任务学习的椎体关键点检测和椎弓根影分割

本节提出的深度网络将同时处理 2 项任务，即包括脊柱 X 线图像中椎体关键点检测和椎弓根影分割。首先，我们使用改进的 HRNet 模型，基于多任务学习进行训练，以同时提取椎体关键点和椎弓根影的特征。然后，将特征映射分别发送到关键点检测模块和椎弓根影分割模块。网络包含 2 项任务的输出结果，可以同时获得椎体关键点和椎弓根影分割结果。

3.3.1　基于多任务学习的特征提取模块

基于多任务学习的思想，本章采用改进的 HRNet 模型进行多任务特征提取。改进的 HRNet 模型结合了 CoordConv 层[49]和极化自注意（Polarized Self-Attention，PSA）机制[50]作为主干网络。通过在 HRNet 模型的卷积层结合 CoordConv 层和 PSA 机制，对坐标信息进行编码，提高网络的数值回归能力。对椎体关键点检测和椎弓根影分割共用相同的特征提取网络，降低了模型参数量，也降低了模型训练成本。

改进后的 HRNet 模型网络结构如图 3.6 所示。改进后的 HRNet 模型第 1 阶段的基本结构由两层 CoordConv 层、两层 PSA 机制和三层瓶颈模块组成。瓶颈模块见图 3.3，即采用了 1×1 和 3×3 卷积层、批归一化、ReLU 激活函数和残差连接的结合。在过渡结构中，新增的下采样分支通道数增加 1 倍，而分辨率减半。改进后的 HRNet 模型的第 2~4 阶段的基本结构仍使用基础模块，包含了 3×3 卷积层、批归一化、ReLU 激活函数和残差连接，见图 3.4。在不同分支中提取不同尺度的特征，在过渡结构进行信息融合交换。通过调整各分支的空间分辨率和通道数，融合各分支的特征。在随后的解码层，进行椎体关键点检

43

测和椎弓根影分割。

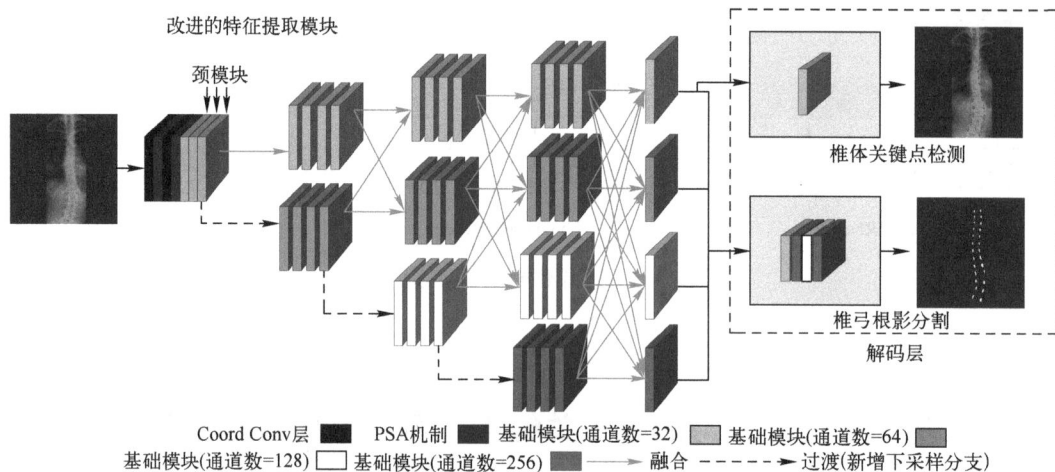

图 3.6　改进后的 HRNet 模型网络结构

　　已经有很多研究使用了注意机制。然而，在医学图像处理中，输入图像往往存在模糊和伪影，关键点的坐标信息与背景模糊混淆，卷积层无法精确提取位置信息。针对这些问题，本章添加 CoordConv 层来帮助网络学习椎体关键点与其位置之间的关系。CoordConv层广泛用于计算机视觉任务，例如物体检测、生成建模或人脸对齐等。此外，PSA 机制有助于网络在极化分支和空间分支中保持高内部分辨率的信息。因此，PSA 机制被添加到CoordConv 层之后，以帮助卷积层更精确地提取高分辨率信息。

3.3.2　CoordConv 层和 PSA 机制

　　传统的神经网络卷积层具有一定的平移不变性，这使得其在处理图像分类、分割等具体任务时，可以稳定提取目标的特征。当网络需要感知位置信息时，网络应能够准确地学习到位置特征。坐标信息对于关键点检测的掩码是非常重要的，为了使网络能够感知空间坐标信息，CoordConv 层可以通过添加包含卷积滤波器数据坐标的额外硬编码输入通道，在笛卡儿空间中找到特征映射位置。CoordConv 层可以被认为是标准卷积的简单扩展，带有额外的坐标信息通道。图 3.7 的左部描述了 CoordConv 层的操作，其中 h、w、c 分别为特征图的高度、宽度和通道数，i、j 为通道坐标。对 i 和 j 的坐标值使用线性缩放，在$[-1,1]$ 范围内重新映射它们。将包含坐标通道的特征映射重构为高度、宽度和通道数分别为 h'，w' 和 c' 的特征图。通过 CoordConv 层提取空间信息，使网络在一定程度上学习平移不变性或相关性。

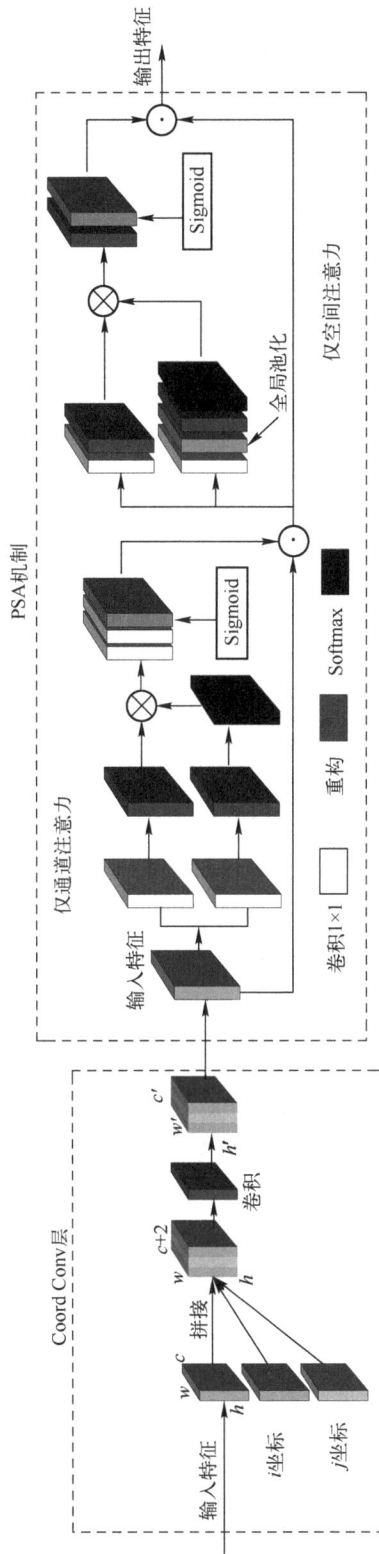

图 3.7　Coord Conv 层和 PSA 机制结构

事实上，如果 CoordConv 层的坐标通道没有提取到任何坐标信息，那么 CoordConv 层相当于一个传统的卷积层，具有平移不变性。而如果 CoordConv 层的坐标通道提取到了目标的位置信息，则 CoordConv 层就具有了平移依赖性。可见，CoordConv 层的平移不变性和平移依赖性是可以根据不同任务进行动态调整的。因此，可以在需要感知空间信息时使用 CoordConv 层，一方面模型的计算量没有增加，另一方面对平移不变性也没有完全消除，而是让网络根据任务的不同而学习不同程度的平移不变性和平移依赖性。

PSA 机制可以提升像素级的回归任务的效果。采用 PSA 机制对特征提取网络进行改进可以有效提升关键点坐标检测和椎弓根影分割的准确性。PSA 机制首先采用了极化滤波的思想，在通道和空间上都保持了较高的维度，减少了网络在下采样时因降维所造成的信息损失，同时也加强了网络对非线性特征的提取。类似于光学透镜滤除光的过程，极化滤波只允许正交方向的特征通过，对特征图进行维度压缩。但因对比度的增强会导致滤波后的光通常具有较小的动态范围，所以需要额外的增强。例如通过高动态范围来恢复原始特征图的细节。如图 3.7 的右部所示，PSA 机制分为仅通道注意力部分和仅空间注意力部分：在仅通道注意力部分，网络保持通道注意力的高分辨率，将空间部分进行压缩；在仅空间注意力部分，网络保持空间注意力的高分辨率，将通道部分进行压缩。这两个部分同时都加入了 Softmax 和 Sigmoid 激活函数，来提高网络对非线性特征提取的能力。

对输入特征图 x，仅通道注意力部分可表示为

$$A^{\mathrm{C}}(x) = \mathrm{Sigmoid}(W_l(\sigma_1(W_m(x)) \times \mathrm{Softmax}(\sigma_2(W_n(x))))) \qquad (3\text{--}1)$$

式中：W_l、W_m、W_n 均为 1×1 卷积层；σ_1 和 σ_2 为两个张量的重塑运算；×为矩阵乘法。通道注意力部分的输出为 $x^{\mathrm{c}} = A^{\mathrm{C}}(x) \odot^{\mathrm{c}} x$，其中 $\odot^{\mathrm{c}}$ 为通道对应元素乘法运算。

仅空间注意力部分可表示为

$$A^{\mathrm{S}}(x^{\mathrm{C}}) = \mathrm{Sigmoid}(\sigma_3(\mathrm{Softmax}(\sigma_1(\mathrm{globalpooling}(W_l(x^{\mathrm{C}})))) \times \sigma_2(W_m(x^{\mathrm{C}})))) \quad (3\text{--}2)$$

式中，σ_3 也为张量的重塑运算，"globalpooling" 是一个全局池化操作。对输入特征图 x^{c}，空间注意力的输出 $x^{\mathrm{s}} = A^{\mathrm{S}}(x^{\mathrm{c}}) \odot^{\mathrm{s}} x^{\mathrm{c}}$，其中 $\odot^{\mathrm{s}}$ 为空间对应元素乘法运算。这里我们将仅通道注意力部分和仅空间注意力部分串联使用，即对输入特征图 x，PSA 机制的输出为

$$\mathrm{Out}_{\mathrm{PSA}}(x) = A^{\mathrm{S}}(A^{\mathrm{C}}(x) \odot^{\mathrm{c}} x) \odot^{\mathrm{s}}(A^{\mathrm{C}}(x) \odot^{\mathrm{c}} x) \qquad (3\text{--}3)$$

对于椎体关键点检测任务和椎弓根影分割任务，在 CoordConv 层之后增加 PSA 机制，可以有效保留高分辨率的特征，并通过 Softmax 归一化操作，增加注意力的动态范围，然后与 Sigmoid 函数完成了非线性特征映射。

3.3.3　解码层

如图 3.6 所示，解码层第一个输出分支是椎体关键点检测分支。椎体关键点直接估计

相当于对脊柱 X 线图像中关键点像素与其他像素进行分类。对于脊柱 X 线图像，由于关键点的像素数目远远小于背景的像素数目，关键点像素数与背景像素数的不平衡，使得关键点难以准确检测。为了解决这一问题，有研究者提出了二维高斯热图回归[51]，将关键点标签的像素范围扩大到二维高斯分布。

将脊柱 X 线图像中关键点的总数记为 m，第 k 个关键点的像素位置 (x_k, y_k) 记为 Y_k。椎体关键点估计的目标是预测所有关键点 $Y = (Y_1, Y_2, \cdots, Y_m)$ 的位置，Y 是一个二维数组。根据各关键点的位置 Y_k 和 X 线图像的尺寸 (w, h)，可以生成一组独热图像 $I = (I_1, I_2, \cdots, I_m)$，其中 $I_k \in \mathbb{R}^{w \times h}$。$I_k(p)$ 即为包含关键点坐标标签信息的一组图像，可表示为

$$I_k(p) = \begin{cases} 1, p = Y_k \\ 0, p \neq Y_k \end{cases} \tag{3-4}$$

式中，p 为独热图像 I_k 中的像素位置，$I_k(p)$ 为在位置 p 处的像素值。对于 I_k 中的每个像素，只有在椎体关键点的位置 Y_k 处其像素值为 1，否则该值始终为 0。如前所述，因为背景和关键点像素数极为不平衡，将导致训练过程收敛缓慢。因此，很难直接对 I_k 进行预测。为了解决这个问题，本章从仅预测独热图像集 I 扩大为预测关键点坐标的二维高斯热图分布，缓解了背景和关键点像素数不平衡的问题。

设 $H = (H_1, H_2, \cdots, H_m)$ 是通过二维高斯核 G 对 I 中的相应图像进行卷积得到的图像集，其过程为

$$H_k = \{I_k \times G\}_{I_k \in I} \tag{3-5}$$

式中：H_k 为独热图像 I_k 通过高斯核进行卷积后生成的图像，即高斯热图图像；×表示图像卷积操作；二维高斯核 G 定义为

$$G(u, v) = \exp\left(-\frac{(u, v) - \left(\dfrac{w^g}{2}, \dfrac{h^g}{2}\right)}{\sigma^2}\right) \tag{3-6}$$

$G(u, v) \in \mathbb{R}^{w^g \times h^g}$，可以看作是一幅宽度为 w^g、高度为 h^g 的图像。式（3-6）中，(u, v) 表示 G 中每个像素的位置，$(w^g/2, h^g/2)$ 表示中心位置。σ 控制高斯核扩散的程度：σ 值的选取必须足够大，以避免热图 H_k 上的稀疏值分布；但也得适当小，以便在 H_k 上留下一个明显的峰值。

根据式（3-5）和式（3-6），$H = (H_1, H_2, \cdots, H_m)$ 是一组以相应关键点位置为中心的二维高斯热图图像，我们把这组图像作为训练集使用，以预测出固定数量的椎体关键点的二维高斯分布数组。然而，实际脊柱 X 线图像中部分关键点会出现互相遮挡的现象。图 3.8 描绘了脊柱图像的可视化高斯热图。图 3.8（a）显示椎体的顶部关键点和其相邻椎体的底部关键点坐标很接近，导致了生成的二维高斯热图中关键点重叠，从而进一步导

致了后续检测的误判。为了避免这种情况的发生，我们首先将每一椎体的 4 个关键点分成上下 2 组，即 17 个胸腰椎共有 68 个关键点，分为顶部和底部的两组各 34 个关键点。同时，为了保证训练时标签的空间完整性，在顶部组关键点中，将最后一个腰椎的底部两个关键点加上；而在底部组关键点中，将第一个胸椎的顶部两个关键点加上。形成两组各 36 个关键点的训练集，如图 3.8（b）和（c）所示，即每组由 36 幅高斯热图进行训练。将高分辨率特征图发送给回归滤波器，得到椎体关键点坐标，网络输出高斯热图。最后，将两组的关键点检测结果合并成一幅图片并最终输出所有关键点的坐标值。

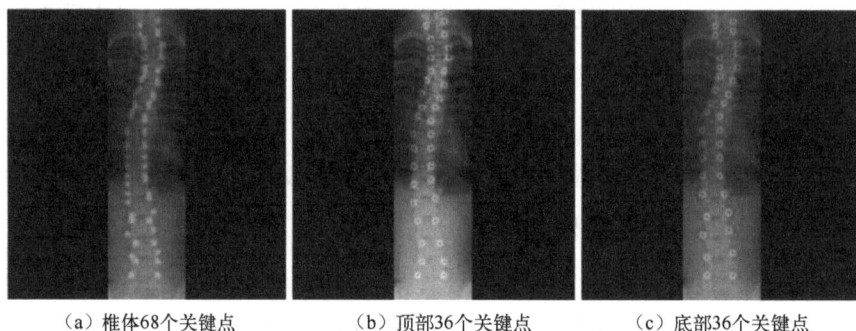

（a）椎体68个关键点　　　（b）顶部36个关键点　　　（c）底部36个关键点

图 3.8　脊柱图像高斯热图可视化（可到华信教育资源网下载该图彩色图片）

在椎体关键点检测过程中，与关键点坐标直接估计的方法不同，本章的网络输出的是二维高斯热图。为了获得精确的关键点检测结果，必须将这些高斯热图转换为关键点的精确坐标，即在单个关键点的高斯热图上提取峰值。为了实现这一目标，使用下式可以直接从高斯热图中获得峰值坐标：

$$\hat{x}_i = \mathrm{argmax}\ h_i(x) \tag{3-7}$$

式中，$\hat{x}_i$ 为椎体关键点坐标，$h_i(x)$ 为预测所得高斯热图。

如图 3.6 所示，第二个输出分支是椎弓根影分割分支。为了获得准确的分割，采用 HRNetV2 表征头［如图 3.5（b）所示］，将主干网络 HRNet 的每个分支的输出经过反卷积恢复成 256×256 的大小并进行特征拼接。最终拼接的特征经过激活函数后获得二值分割图像。

3.3.4　脊柱 X 线图像椎体关键点检测和椎弓根影分割结果及评估

1. 实施细节

➤ 损失函数
对椎体关键点检测和椎弓根影分割任务需要分别选择合适的损失函数。对椎体关键点检测任务, 每幅脊柱正位相 X 线图像都标注了两组各 36 幅热图, 用于椎体关键点检测。
由于训练图像的关键点样本 (正样本) 的像素数小于背景样本 (负样本) 的像素数。在
椎体关键点检测模块中使用正负均方误差 (PNMSE) 损失函数来解决数据集标签中样本
不平衡的问题。正负均方误差定义为

$$L_{\text{PNMSE}} = \frac{1}{N} \sum_{p=1}^{N} (y_{\text{true}} - f(x_p))^2 + \frac{\lambda}{N} \sum_{n=1}^{N} (y_{\text{true}} - f(x_n))^2 \tag{3-8}$$

式中: $f(x_p)$ 和 $f(x_n)$ 分别为正、负样本的预测值; λ 为平衡因子; y_{true} 为真值。

对椎弓根影分割任务, 本章使用的损失函数结合了椎弓根影分割模块的 Dice 损失和
二值交叉熵 (Binary Cross-Entropy, BCE) 损失, 同时考虑在损失函数中平衡正样本和负
样本, Dice 损失和 BCE 损失分别定义为

$$L_{\text{Dice}} = \lambda_1 \left(1 - \frac{2\sum_{p=1}^{N} y_{\text{true}} y_p}{\sum_{p=1}^{N} y_{\text{true}} + \sum_{p=1}^{N} y_p} \right) + \lambda_2 \left(1 - \frac{2\sum_{n=1}^{N} y_{\text{true}} y_n}{\sum_{n=1}^{N} y_{\text{true}} + \sum_{n=1}^{N} y_n} \right) \tag{3-9}$$

$$L_{\text{BCE}} = \lambda_3 (-y_{\text{true}} \lg y_p - (1 - y_{\text{true}}) \lg(1 - y_p)) +$$
$$\lambda_4 (-y_{\text{true}} \lg y_n - (1 - y_{\text{true}}) \lg(1 - y_n)) \tag{3-10}$$

式中: y_p 和 y_n 分别为正样本和负样本的预测值; λ_1 和 λ_2 分别为 Dice 损失中样本的权值;
λ_3 和 λ_4 分别为 BCE 损失中样本的权值。

椎弓根影分割模块的 Dice-BCE 联合损失函数定义为

$$L_{\text{total}} = \rho_1 L_{\text{Dice}} + \rho_2 L_{\text{BCE}} \tag{3-11}$$

式中, ρ_1 和 ρ_2 分别为 Dice 损失和 BCE 损失的权重。

> **实验设置**

椎体关键点检测和椎弓根影分割模块在 8GB 内存的 NVIDIA 2080 GPU 上进行训练。
软件包是 Paddle 1.8 和 Pytorch 1.9.1, 学习率为 0.0001。训练轮次设为 150。损失函数的
参数设置见表 3.1。此外, 我们采用随机噪声、水平翻转、模糊和颜色抖动等数据增强策
略来增强训练集。

表 3.1 损失函数的参数设置

任 务	损 失 函 数	参 数
椎体关键点检测	PNMSE	平衡因子 $\lambda = 0.1$
椎弓根影分割	Dice-BCE	$\lambda_1 = 0.5, \ \lambda_2 = 0.5, \ \lambda_3 = 0.5, \ \lambda_4 = 0.5, \ \rho_1 = 1, \ \rho_2 = 1$

实验使用两套脊柱正位相 X 线图像数据集。数据集 I 包含 BoostNet[19] 提供的 609 幅脊
柱正位 X 线图像。该数据集在 AASCE2019 挑战赛[32] 中用于评估 Cobb 角。每幅图像有 17

个椎体（12 个腰椎和 5 个胸椎），每个椎体有 4 个关键点坐标，每幅图像共 68 个关键点坐标。为了解决图像尺寸差异问题，将图像重塑为 256×256 大小，并相应调整关键点坐标。图 3.9（a）中显示了椎体关键点的标签。数据集 I 中使用 450 幅图像作为训练集，30 幅作为验证集，余下 129 幅为测试集。由于数据集 I 没有椎弓根影标注，实验中还使用了由云南省第一人民医院提供的数据集 II，包含 220 幅椎弓根影标注的脊柱正位 X 线图像，图像也被重塑为 256×256 大小，其中 150 幅图像作为训练集，33 幅作为验证集，其余 37 幅作为测试集。数据集 II 的图像及其标注椎弓根影的掩膜如图 3.9（b）所示。

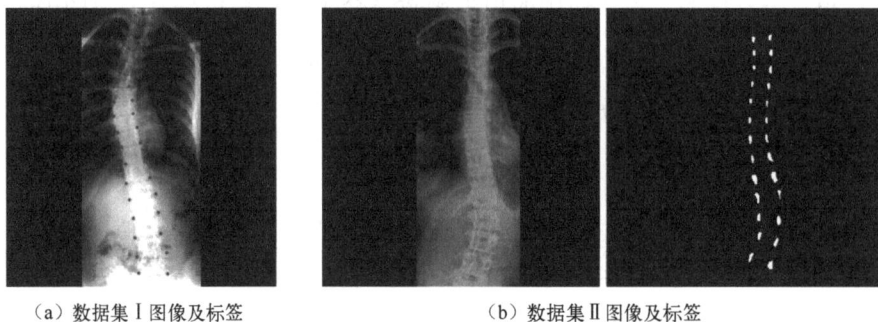

（a）数据集 I 图像及标签   （b）数据集 II 图像及标签

图 3.9　数据集

2. 评价指标

➢ 椎体关键点检测评价指标

使用预测值与真实值之间的平均径向误差（Mean Radian Error，MRE）来评估椎体关键点检测的准确性。给定关键点 i，MRE 定义为预测关键点坐标与标签坐标之间的欧氏距离：

$$\text{MRE} = \frac{1}{N} \sum_{i=0}^{N} \| h_i - w_i \|_2 \tag{3-12}$$

式中，N 为关键点的数量，w_i 为关键点的预测值，h_i 为真实值。

➢ 椎弓根影分割评价指标

椎弓根影分割任务的性能评价指标采用 Dice 系数。Dice 系数用于比较分割结果 A 与标签 B 的相似度：

$$\text{Dice} = \frac{2|A \cap B|}{|A| + |B|} \tag{3-13}$$

3. 结果评估

➢ CoordConv 层和 PSA 机制的消融实验

为了验证改进的 HRNet 中的 CoordConv 层和 PSA 机制的有效性及最佳改进策略，在

HRNet 模型的不同位置添加了不同的 CoordConv 层。此外，使用高效通道注意（Efficient Channel Attention，ECA)[52]机制或协调注意（Coordinate Attention，CA)[53]机制将 PSA 机制替换，以验证 PSA 机制的有效性。使用不同策略的比较结果在表 3.2 给出。

我们在 HRNet 模型中增加了 1 层 CoordConv 或 2 层 CoordConv，并使用 CA 机制和 ECA 机制替换 PSA 机制。从表 3.2 可见 CoordConv 层和 PSA 机制对椎体关键点检测和椎弓根影分割的影响。使用 2 层 CoordConv 和 2 层 PSA 机制作为 HRNet 的主干模块时，模型具有最佳的性能，获得了最低的 MRE 值（2.70mm）和最高的 Dice 系数（72.45%）。与原始的 HRNet 模型相比，椎体关键点检测的 MRE 值降低了 2.1mm，椎弓根影分割的 Dice 系数提高了 4.6%。实验结果表明，CoordConv 层可以有效地监督网络提取图像的坐标信息，PSA 机制可以保留图像的高分辨率信息。

表 3.2 特征提取模块在椎体关键点检测任务和椎弓根影分割任务中的表现

特征提取模块	椎体关键点检测的 MRE/mm（数据集 I）	椎弓根影分割的 Dice 系数（%）（数据集 II）
HRNet-W32[48]	4.81	67.84
HRNet-W32+1 层 CoordConv	2.77	69.39
HRNet-W32 +2 层 CoordConv	2.81	69.90
HRNet-W32 +1 层 CoordConv+ECA	3.44	68.49
HRNet-W32 +1 层 CoordConv+CA	4.99	69.68
HRNet-W32 +2 层 CoordConv+ECA	2.78	69.86
HRNet-W32+2 层 CoordConv+CA	2.99	70.20
HRNet-W32+1 层 CoordConv+PSA	3.70	69.02
HRNet-W32+2 层 CoordConv+PSA	2.70	72.45

➤ **椎体关键点检测和椎弓根影分割结果比较**

将本章的方法在 2 套数据集上与当前最先进的方法进行比较，结果见表 3.3。在椎体关键点检测任务中，与 U-Net[13]、HRNet-W32[48]、HRNet-W48[48]、U-Net++[25] 和 U2Net[26]相比，本章方法的 MRE 分别降低了 4.13mm、2.11mm、2.04mm、1.82mm 和 1.55mm。在椎弓根影分割任务中，本章方法的 Dice 系数比 U-Net、HRNet-W32、HRNet-W48、U-Net ++和 U2Net 分别提高了 6.98%、6.42%、5.20%、4.21%和 2.29%。实验结果表明，与现有方法相比，本章提出的方法在椎体关键点检测和椎弓根影分割任务中具有更好的性能。作为一种多任务学习结构，本章的方法是可靠的。

表 3.3　本章方法与现有方法比较

特征提取模块	椎体关键点检测的 MRE/mm（数据集Ⅰ）	椎弓根影分割的 Dice 系数（%）（数据集Ⅱ）
U-Net[13]	6.83	65.47
HRNet-W32[48]	4.81	66.03
HRNet-W48[48]	4.74	67.25
U-Net++[25]	4.52	68.24
U2Net[26]	4.25	70.16
本章方法	2.70	72.45

不同方法椎体关键点检测结果比较如图 3.10 所示，结果之间差异较大的部分用方框标出。结果表明，与 U-Net、U-Net++、U2Net 和原始 HRNet 相比，我们的方法得到了更接近标签的检测结果。

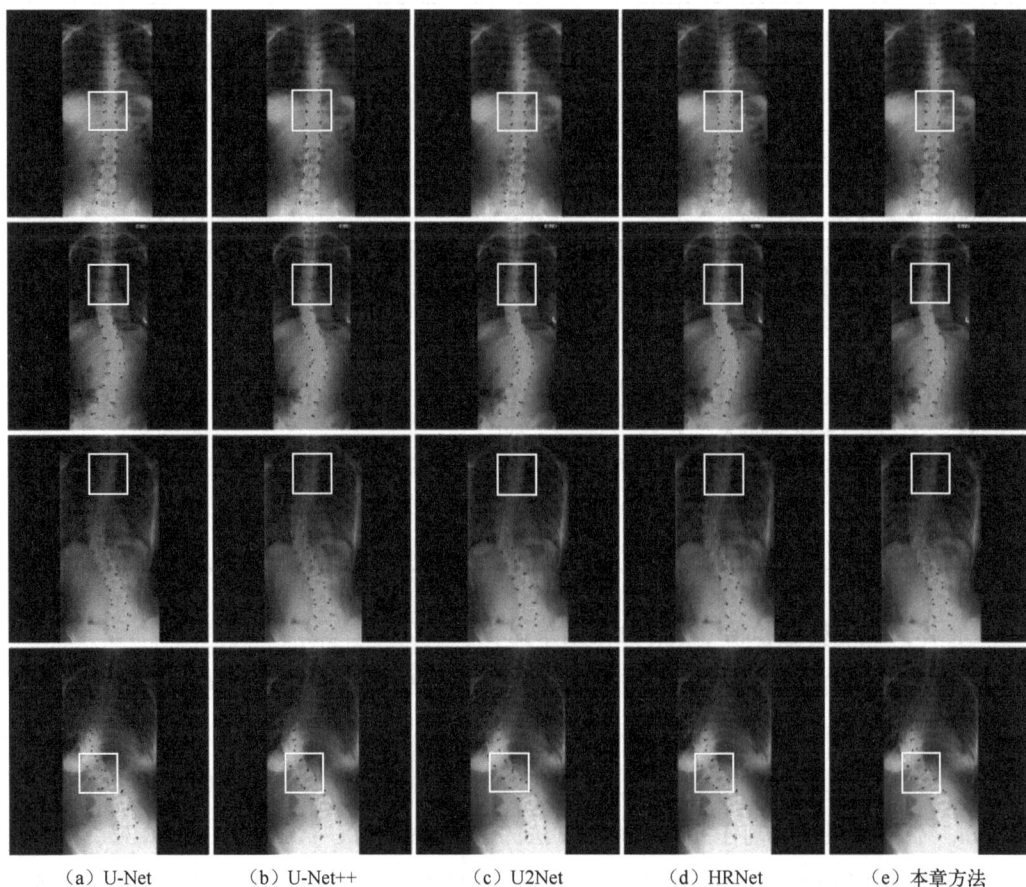

（a）U-Net　　　（b）U-Net++　　　（c）U2Net　　　（d）HRNet　　　（e）本章方法

图 3.10　不同方法椎体关键点检测结果比较（可到华信教育资源网下载该图彩色图片）

椎弓根影分割结果如图 3.11 所示。图 3.11（b）~（f）中的方框标记了不同方法在相同位置的分割结果，其中有的方法分割错误。结果表明，本章方法的分割结果与测试集标签更为接近，本章方法分割结果更为完整。这些实验结果表明，本章方法实现了可靠的椎弓根影分割，可用于后续椎体旋转度测量。

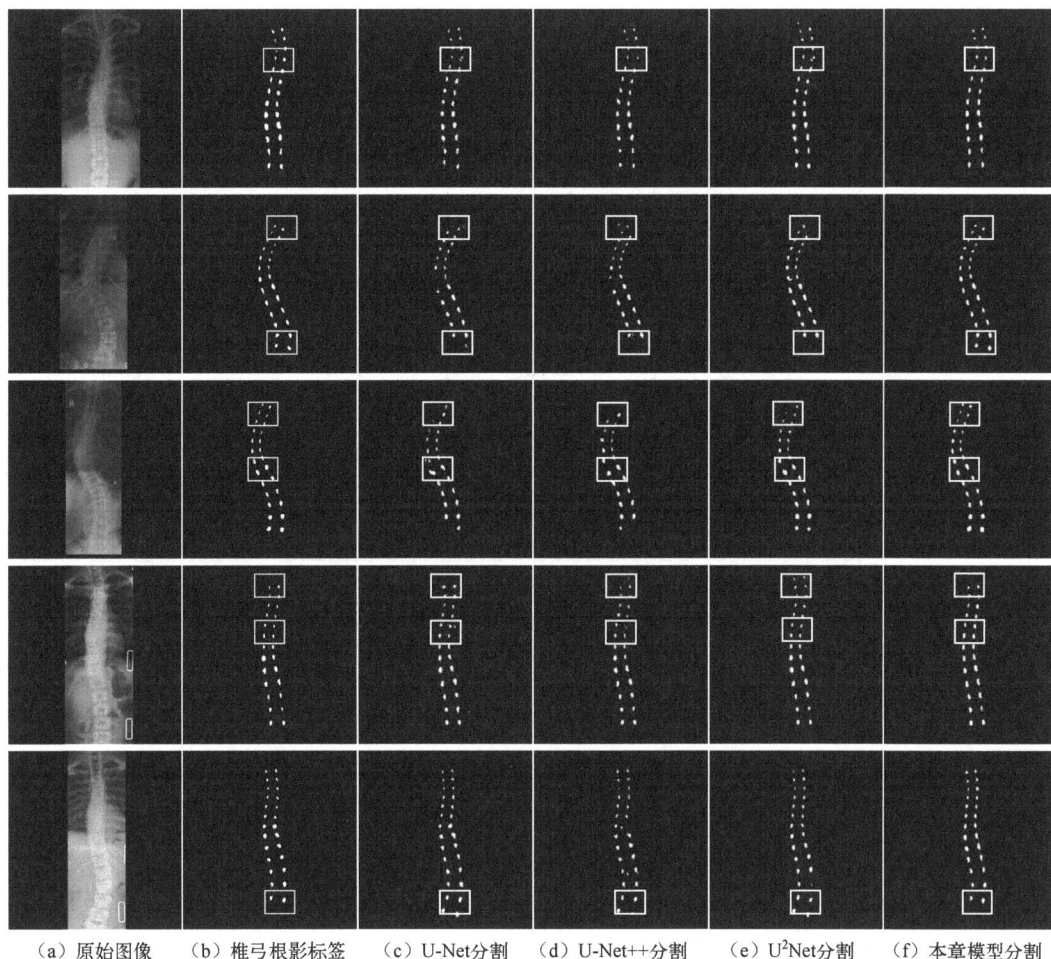

（a）原始图像　　（b）椎弓根影标签　　（c）U-Net分割　　（d）U-Net++分割　　（e）U²Net分割　　（f）本章模型分割

图 3.11　椎弓根影分割结果（可到华信教育资源网下载该图彩色图片）

> **椎体关键点检测和椎弓根影分割方法的运算效率**

为了评估所提出方法的运算效率，我们采用网络的参数量、每秒执行的浮点运算次数和训练时间来评价各模型的计算效率，结果见表 3.4。对椎体关键点检测任务，本章方法的参数量或每幅图像的训练时间与原始 HRNet 相似，每幅图像的训练时间均低于 U-Net、U-Net++ 和 U2Net。而实验结果中椎体关键点检测的 MRE 均低于其他方法。对椎弓根影分割任务，本章方法的运算效率与原始 HRNet 相似，本章方法参数量小于 U-Net++ 和

U2Net，尽管本章方法对每幅图像的训练时间大于 U-Net、U-Net++ 和 U2Net，但本章的方法在椎弓根影分割结果的 Dice 系数最高。因此本章的方法具有速度快、精度高的特点。值得注意的是，由于 HRNet-W48 的卷积核比 HRNet-W32 大，所以 HRNet-W48 的参数量比 HRNet-W32 大。为了提高训练效率，我们选择了 HRNet-W32 作为我们提出的方法的主干网络。

表 3.4　计算效率

任　　务	模　　型	参数量（Mbit）	浮点运算（G）	每幅图像训练时间/s
椎体关键点检测	U-Net[13]	14.61	10.47	0.34
	U-Net++[25]	29.14	24.82	0.52
	U²Net[26]	38.12	32.69	0.64
	HRNet-W32[48]	28.59	9.54	0.28
	HRNet-W48[48]	63.68	20.99	0.61
	本章方法	28.60	9.69	0.28
椎弓根影分割	U-Net[13]	172	11.6	0.35
	U-Net++[25]	342.75	28.54	0.45
	U²Net[26]	444.5	37.67	0.8
	HRNet-W32[48]	326.16	11.9	1.3
	HRNet-W48[48]	726.03	25.71	2.4
	本章方法	333.58	12.04	1.25

3.4　椎体旋转度自动测量及实验结果评估

3.4.1　椎体旋转度自动测量方法

本文提出的自动测量方法是基于 Stokes 法[11]。如图 3.12 所示，当椎体旋转时，在脊柱正位相 X 线图像中将出现椎弓根相对于椎体的移位。图 3.12 中椭圆形阴影代表椎弓根投影到 X 线图像中显现的椎弓根影。Stokes 法[11]测量椎体轴向旋转角度 θ 为

$$\theta = \arctan\left(\frac{1}{2} \times \frac{m-n}{m+n} \times \frac{w}{d}\right) \tag{3-14}$$

式中，m 和 n 分别为两个椎弓根影中心到椎体中心线的距离。Stokes 法[11]提供了胸椎 T_4 ~ T_{12} 和腰椎 L_1 ~ L_4 共 13 个椎体的宽深比（w/d）值。

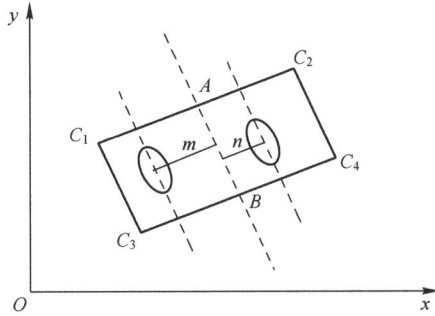

图 3.12　Stokes 法测量椎体旋转度示意图

在本章的方法中，椎体关键点检测模块用来估计每个椎体的 4 个顶点坐标，设 4 个顶点关键点记为 $D=(d_1, d_2, d_3, d_4)$。由椎弓根影分割模块获得每个椎体的 2 个椎弓根影分割结果记为 $P=[p_1, p_2]$。根据椎体的 4 个顶点坐标使用 OpenCV - python 包中的 minAreaRect( ) 函数，可以确定该椎体的最小外接矩形，提取该矩形 4 个顶点坐标记为 $C(C_1, C_2, C_3, C_4)$，进而根据最小外接矩形可以确定椎体的中心线 AB。根据椎弓根影分割模块获得的分割结果，同样使用 minAreaRect( ) 函数可获取椎弓根影的最小外接矩形，最小外接矩形中心即可作为椎弓根影中心。根据椎体的中心线 AB 和左右椎弓根影中心 (x_{p1}, y_{p1}) 和 (x_{p2}, y_{p2})，可以计算出 m 和 n：

$$m=\left|\frac{(A_y-B_y)x_{p1}+(A_x-B_x)y_{p1}+B_x\times(B_y-A_y)+B_y\times(A_x-B_x)}{\sqrt{(A_y-B_y)^2+(A_x-B_x)^2}}\right| \tag{3-15}$$

$$n=\left|\frac{(A_y-B_y)x_{p2}+(A_x-B_x)y_{p2}+B_x\times(B_y-A_y)+B_y\times(A_x-B_x)}{\sqrt{(A_y-B_y)^2+(A_x-B_x)^2}}\right| \tag{3-16}$$

式中，(A_x, A_y) 和 (B_x, B_y) 分别为中心线端点 A 和 B 的坐标。则由 m、n 值根据式（3-14）可获得椎体旋转度。

椎体旋转度自动测量过程如算法 Ⅱ 所示。将脊柱图像中椎体的总数记为 $N=13$（$T_4 \sim T_{12}$ 和 $L_1 \sim L_4$）。算法输入的是脊柱的 X 线图像，输出的是 13 个椎体旋转度测量结果。算法首先通过深度学习模型，自动获取每一个椎体的顶点关键点坐标和 2 个椎弓根影的分割结果。之后遍历每个椎体的顶点关键点坐标以生成椎体的最小外接矩形，同时获取该椎体的椎弓根影中心坐标。而后根据这些坐标值自动计算出椎体旋转度。

算法 II　椎体旋转度自动测量算法

输入：脊柱 X 线图像 I，宽深比 w/d 由 Stokes 法[11]提供

输出：椎体旋转度 AVR

1. **开始 for 循环遍历 I 中的每个元素 i：**

2. 　　获取椎体关键点 $D(d_1, d_2, d_3, d_4)$，

3. 　　获取 2 个椎弓根影分割结果 $P = [p_1, p_2]$，

4. 　　**开始 for 循环遍历每个椎体：**

5. 　　　　根据检测的每个椎体关键点坐标生成最小外接矩形

6. 　　　　获取每个椎弓根影的中心坐标

7. 　　　　根据最小外接矩形的 4 个顶点坐标计算 A 和 B，以及 m、n

8. 　　　　根据式（3-14）计算 AVR

9. 　　结束

　　结束

3.4.2　椎体旋转度自动测量结果及其评估

1. 评价指标

对椎体旋转度测量结果采用平均绝对误差（Mean Absolutely Error，MAE）为评价指标。

$$\text{MAE} = \frac{1}{N} \sum_{i=1}^{N} |X_i - Y_i| \tag{3-17}$$

式中，X_i 为自动测量值，Y_i 为作为真实值的专家测量值。

2. 椎体旋转度测量结果

我们使用数据集 II 的测试集来评估椎体旋转度测量结果。由于 Stokes 法只提供了椎骨 $T_4 \sim T_{12}$ 和 $L_1 \sim L_4$ 的宽深比 w/d，所以实验中仅估计这 13 节椎体的旋转度。数据集 II 的测试集有 37 幅脊柱 X 线图像，共有 481 个椎骨。这些图像包括了脊柱侧凸患者的 X 线图像和正常的脊柱 X 线图像。手工测量由两名具有 20 年临床经验的骨科医生和一名

骨科实习医生来完成。将两名具有 20 年临床经验的骨科医生的测量结果的平均值作为金标准。通过计算本章方法测出数值和金标准之间的 MAE 值来评估自动测量结果的准确度。

椎体旋转度测量结果比较见表 3.5。从表 3.5 可见：对大部分椎体，使用本章方法测量值与金标准之间的 MAE 值低于 5°；而骨科实习医生测量值与金标准之间的 MAE 值均高于 5°。实验结果表明，椎体旋转度的手工测量具有操作者误差，骨科实习医生与具有丰富经验的骨科医生的测量结果存在较大差异。因此，通过使用本章提出的自动测量算法，可以消除操作者误差，准确度基本在 5° 的范围内，可以在临床上实际使用。

表 3.5　椎体旋转度测量结果比较

椎　体	本章方法 vs 金标准/(°)	骨科实习医生 vs 金标准/(°)
T_4	5.15	8.95
T_5	4.72	7.65
T_6	3.12	6.87
T_7	4.11	7.82
T_8	2.93	6.49
T_9	3.27	6.54
T_{10}	3.85	6.72
T_{11}	3.87	7.01
T_{12}	3.95	6.59
L_1	3.05	6.21
L_2	3.44	6.46
L_3	4.45	8.17
L_4	5.18	8.63

进一步，使用 Bland-Altman 图验证测量结果的一致性。自动测量结果分别与两名具有 20 年临床经验的骨科医生的测量结果进行比较，所得 Bland-Altman 图如图 3.13 所示。可见大部分样本位于平均值正负 2 倍标准差之间。结果表明，本章提出的自动测量方法与专家的测量结果一致性好，是稳定可靠的。其中胸椎主段（T_7~T_{12}）的测量结果比上胸椎（T_4~T_6）和腰椎（L_1~L_4）的测量结果更稳定，这是由于胸椎主段的 X 线图像中椎弓根影清晰，椎体轮廓清晰。

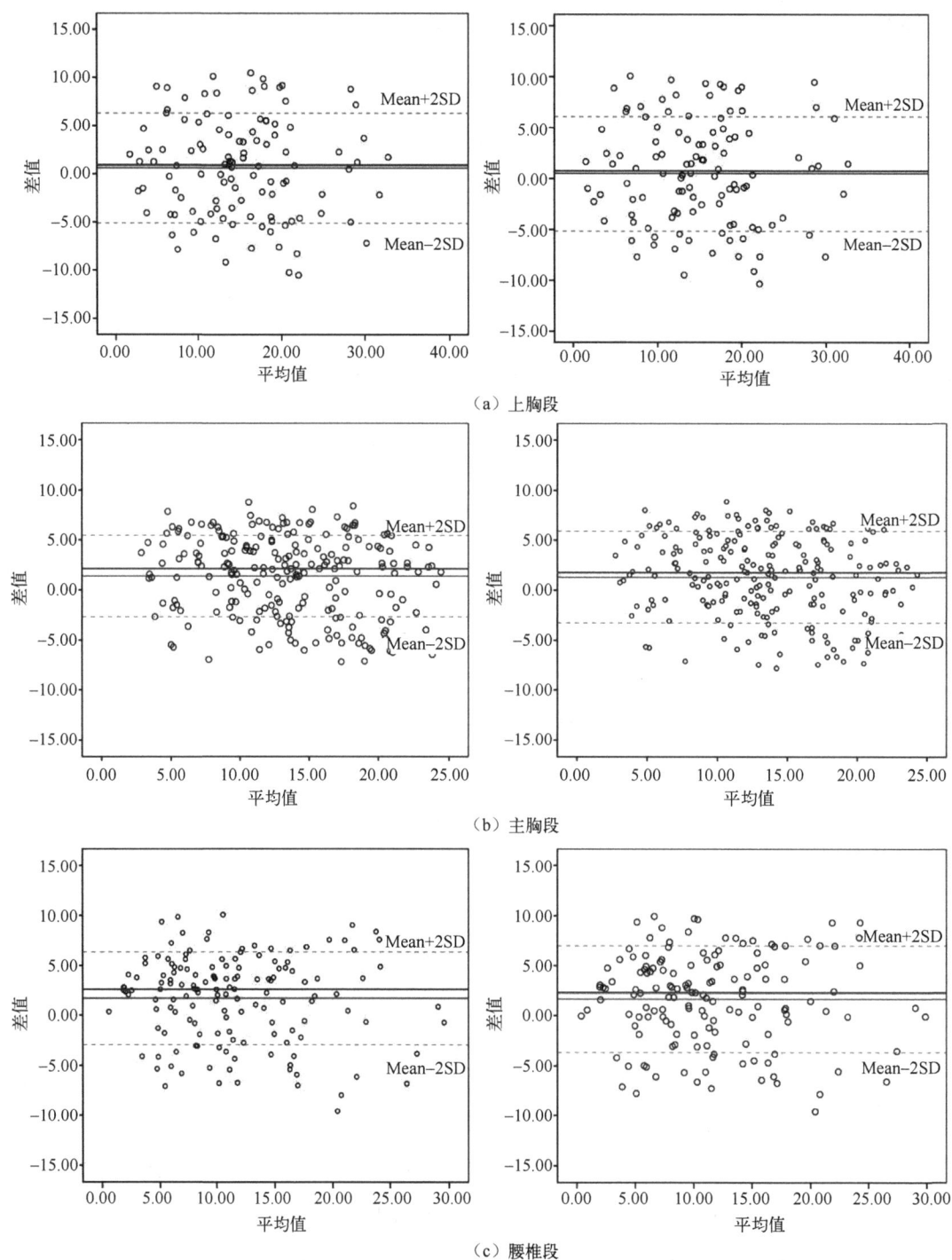

（a）上胸段

（b）主胸段

（c）腰椎段

图 3.13　自动测量分别与两位骨科医生测量比较的 Bland-Altman 图

3. 椎体旋转度测量算法的局限性

本章提出的椎体旋转度自动测量的精度取决于椎体关键点检测和椎弓根影分割结果。测量误差偏大的情况主要源于糟糕的椎弓根影分割或错误的椎体关键点检测结果。如图 3.14 所示，检测到的椎体关键点误差较大，并且椎弓根影分割结果错误。造成关键点检测不准确或分割结果错误的主要原因是部分测试集的脊柱 X 线图像质量较差，网络提取错误的特征导致最终的误判。错误的椎弓根影分割导致得到错误的椎弓根影中心坐标，同样错误的椎体关键点检测导致得到错误的椎体中心线，这些错误参数值导致最终椎体旋转度测量结果误差大。后续可以通过增加训练数据集的数量来进一步提升椎体旋转度的自动测量精度。

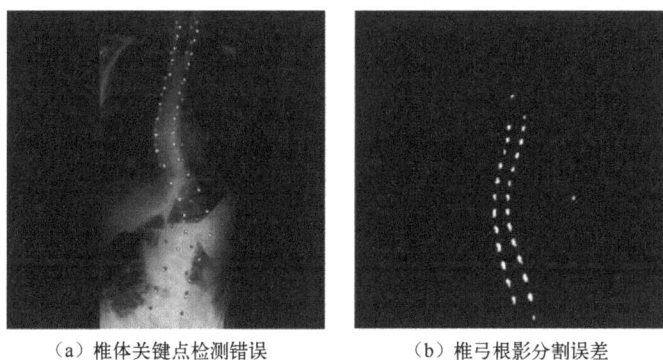

（a）椎体关键点检测错误　　　　　　（b）椎弓根影分割误差

图 3.14　错误结果

3.5　本章小结

本章完成了椎体关键点检测和椎弓根影分割，进而自动测量椎体旋转度。在特征提取模块采用了多任务学习的结构，椎体关键点检测和椎弓根影分割模块共享了特征提取模块。使用改进的 HRNet 作为特征提取模块来提取多输入结构下的全局特征。然后设计了不同的解码器用于椎体关键点检测和椎弓根影分割。通过实验评估本章提出的特征提取网络的性能。椎体关键点检测的 MRE 为 2.70mm，椎弓根影分割的 Dice 系数为 72.45%。与原始 HRNet 模型相比，MRE 减小了 2.1mm，Dice 系数提高了 4.6%。实验结果表明，本章提出的方法可以很好地完成椎体关键点检测和椎弓根影分割任务。最后，自动测量算法同时获取各椎体（$T_4 \sim T_{12}$ 和 $L_1 \sim L_4$）的轴向旋转度，测量误差在 5° 范围内。本章提出的椎体旋转度自动测量算法具有较高的准确度，消除了操作者误差，可以在临床上实际使用。

第 4 章

骨盆 X 线图像 Risser 征自动分级

Risser 征是临床上评估骨骼发育成熟度的指标,尤其作为评估脊柱成熟度的重要标志应用于青少年特发性脊柱侧凸的临床诊断评估[1]。Risser 征主要通过对人体骨盆 X 线图像中髂骨的骨化程度来进行判断。而人工进行 Risser 征分级存在很大的主观性,经验不足的医生有可能导致评估结果不准确,从而影响对青少年患者治疗方案的选择。本章旨在解决两个密切相关的问题:①髂骨区域的特征提取;②Risser 征的自动分级。本章提出了 Risser 征分级的多任务学习框架,基于改进的 Swin Transformer 模型,完成了髂骨区域特征提取和自动 Risser 征分级。首先进行了髂骨的提取,去除了数据集中无关部分,减少了噪声;之后将髂骨部分送入分类器进行训练;最终实现了 Risser 征分级。

4.1 骨骼成熟度计算机辅助评估方法研究现状

骨骼生长潜力和生长速度是预测青少年脊柱侧凸进展的重要指标,这两者均与骨骼成熟度相关。目前比较常用的骨骼成熟度评估方法包括基于手部 X 线图像的骨龄评估[54]和基于骨盆 X 线图像的 Risser 征分级[1]。

已有不少研究致力于青少年的骨龄评估。人工测定骨龄最主要的方法是 Tanner-Whitehouse(TW)法[55]和 Greulich and Pyle(G&P)法[56],这两种方法都需要左手的 X 线图像。自动化的骨龄评估系统可以消除操作者误差。早在 2010 年已有研究者开发出名为 Bone Xpert 的自动评估系统[57],该系统可以对手腕部 15 个感兴趣的区域的边缘进行重建,并利用这些信息根据 G&P 法或 TW 法来计算骨龄,该系统已经在不同的人类族群中进行了验证。随着计算机技术的发展,许多基于深度学习的骨龄评估方法相继被提出。这些骨龄评估方法可分为直接法、基于图像分割的方法和基于 ROI 提取特征部位的方法。

直接法是网络直接输出骨龄。文献［58］提出了一种基于 CNN 的骨龄自动评估方法，该方法使用了粗细程度不同的注意力图用于骨龄的回归监督。文献［59］提出了一种基于残差网络的骨龄自动评估方法，该方法通过定位网络获取位置特征，并通过深度残差网络提取特征完成了骨龄的自动评估。由于手部 X 线图像中存在噪声，这些直接法评估结果误差较大。

基于图像分割的方法先分割手部轮廓，这样可减少 X 线图像中关键部位的噪声而提高骨龄评估精度。Iglovikov 等人[60]或李（Lee）等人[61]提出的方法先对手骨轮廓进行分割，取得了更好的骨龄评估结果。文献［62］提出基于注意力的骨龄测定方法，该方法首先将数据集裁剪成小块的特征图，并通过特征向量的排序来聚合有用的信息用于评估骨龄。该方法考虑了数据集中细粒度的特征，取得了更好的评估结果。本书作者[63]提出的模型由手骨分割网络和骨龄回归网络组成，采用 Mask-RCNN 模型分割出手骨，再用改进的Xception 模型获取骨龄，其中通过增加性别信息平衡不同性别的手骨发育差异，测定的骨龄平均误差小于 5 个月。虽然通过图像分割减少了图像中的噪声，但由于手骨分割这样的粗处理只是提取了手骨轮廓，并没有完全摒弃所有噪声。

基于 ROI 的骨龄评估方法仅提取感兴趣的区域用于骨龄的评估，实现了更准确的评估结果。文献［64］提出的方法通过图卷积网络自适应地获取 ROI 用于骨龄评估。文献［65］设计了一个粗、细特征联合学习的骨龄评估网络，使用粗注意力定位感兴趣的特征区域，并在特征区域中采用细注意力进一步提取更重要的特征。文献［66］提出了一个基于边缘拓扑增强的骨龄评估网络，将 ROI 与手骨边缘特征相结合，实现了骨龄的多特征融合评估。以上基于 ROI 的技术比图像分割技术更有效地减少噪声，然而随着精度的提高，基于 ROI 的方法算法复杂度也随之增加。基于分割或 ROI 的算法所采用的网络结构往往比较复杂。它们通常需要额外的参数和训练成本。为了避免这种情况，文献［67］开发了一种用于骨龄测量的多尺度多接收网络，改进了对重要区域的描述，同时减少了背景区域的影响。

手骨 X 线图像测量的骨龄主要用于评估人体整个骨骼系统的生长发育状态，而对青少年脊柱侧凸的诊断评估，Risser 征才是最主要的指标。Risser 征也被证明与骨龄是相关的[68]。Risser 征的划分是根据骨盆髂嵴部位的骨化程度来评估脊柱发育成熟度的，共分为 5 级[1]。通常在婴幼儿期的很长一段时间都是 0 级，Risser 征 1 级持续时间很短，很快进入 2 级，Risser 征 0~2 级提示脊柱处于快速生长期。Risser 征 3~4 级预示脊柱生长开始进入成熟期，对女性患者畸形进展开始缓慢下来，而男性患者畸形仍在进展中。Risser 征 5 级则预示脊柱处于成熟期，畸形可能不再进展。因此 Risser 征分级对脊柱侧凸的进展预测及治疗方案的选择至关重要[69]。最近的研究表明，人工 Risser 征分级存在操作者误差，不同的医生有可能得出不同的结论[70]。

相较于基于左手 X 线图像的骨龄评估，基于骨盆 X 线图像的 Risser 征分级的研究相对较少。为了实现 Risser 征的自动评估，已经有研究者提出了基于深度学习的 Risser 征分级方法。Kaddioui 等人[71]选择 VGG16 模型作为网络的主干进行自动 Risser 征分级。该技术利用 VGG16 模型提取髂骨关节 X 线图像特征，用于 Risser 征分级。但是，该方法的准确性有待提高。Magnide 等人[72]结合 ResNet 模型和支持向量机构建了用于 Risser 征分级的 CNN 主干，该方法提取了青少年全身 X 线图像的 6 个区域，包括左右髂嵴、左右肱骨头和左右股骨头。但这种方法需要青少年全身 X 线图像，而一般临床上对青少年患者很少进行全身 X 线成像。本章基于 Transformer 模型，提出了一种多任务学习框架，完成了骨盆 X 线图像中髂骨区域的提取以及 Risser 征分级。

4.2 神经网络模型——Transformer 模型

Transformer 模型[73]最重要的设计是自注意力机制（Self-Attention）。本节介绍自注意力机制以及 Transformer 模型的基本结构和运作原理。

4.2.1 自注意力机制（Self-Attention）

注意力（Attention）是从大量信息中筛选出少量重要信息，并聚焦在这些重要信息上，而忽略大量不重要的信息。如图 4.1 所示，注意力机制[73]的具体计算过程包括两步：首先，根据第 i 个查询（Query）和 n 个键值（Key）计算 n 个权重系数，权重代表相对于第 i 个查询对应信息的重要性；然后，根据权重系数对相应的信息值（Value）进行加权求和，得到注意力值（Attention Value）。由查询和键值计算两者的相似性或相关性来获得权重系数可以有不同的计算方法，最常用的是向量点积计算相似性，并使用 Softmax 函数进行归一化，将原始数值整理成所有元素权重之和为 1 的概率分布，获得权重系数。再据权重系数对相应信息值进行加权求和，即可得到相对于第 i 个查询的注意力值。注意力值的计算过程可以表示为

$$\text{Attention}(\boldsymbol{Q}, \boldsymbol{K}, \boldsymbol{V}) = \text{softmax}\left(\frac{\boldsymbol{Q}\boldsymbol{K}^{\mathrm{T}}}{\sqrt{d_K}}\right)\boldsymbol{V} \tag{4-1}$$

式中：$\boldsymbol{Q}$、$\boldsymbol{K}$、$\boldsymbol{V}$ 分别为查询（Query）矩阵、键值（Key）矩阵、信息值（Value）矩阵；d_K 为 $\boldsymbol{K}$ 的维数，除以 d_K 的平方根用于防止内积 $\boldsymbol{Q}\boldsymbol{K}^{\mathrm{T}}$ 值过大。

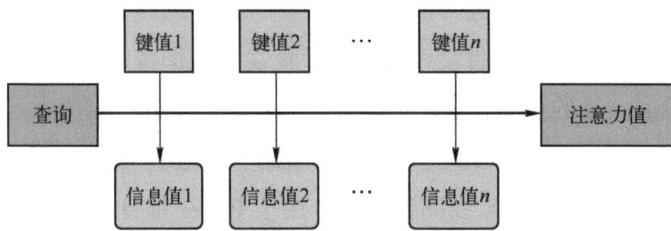

图 4.1 注意力机制

自注意力机制是注意力机制的变体，又称内部注意力机制[73]。它与一般注意力机制的区别在于注意力机制的查询和键值是不同来源的。例如在自编码模型中，键值是编码器的元素而查询是解码器的元素。而自注意力机制的查询和键值都来自同一序列的元素。自注意力机制中，式（4-1）的 K、Q、V 均为同一输入矩阵 X 的线性变换。如图 4.2 所示，输入矩阵 X 分别与矩阵 W^Q、W^K 和 W^V 相乘得到矩阵 K、Q、V。矩阵 W^Q、W^K 和 W^V 就是需要通过训练获得的参数矩阵。可以设计多项不同的 W^Q、W^K 和 W^V，即输入矩阵 X 可以作多种线性变换，获得不同的注意力值，从而可以捕获不同特征，这种结构称为多头自注意力机制。可见，自注意力机制将一个序列的不同位置关联起来，可以捕捉序列中任意两个元素之间的关系，它比 CNN 具有更大的感受野，可以获得更多上下文信息。

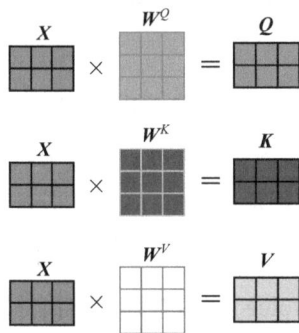

图 4.2 自注意力机制中查询矩阵、键值矩阵、信息值矩阵来自
输入矩阵与 3 个参数矩阵的点乘

4.2.2 Transformer 模型

Transformer 模型[73]结构如图 4.3 所示，它包括编码和解码两部分。其中，编码部分由多层的编码器（Encoder）组成，解码部分由多层的解码器（Decoder）组成，Transformer

使用了6层编码器和6层解码器。

　　每层编码器结构相同，但权重参数不同，均包括自注意力层和前馈神经网络层，如图4.3（a）所示。输入编码器的数据是输入向量序列，输出也是大小相同的向量序列。输入向量序列首先经过一个自注意力层，其输出经过前馈神经网络得到这一层编码器的输出，再传入下一层编码器。同时，每个自注意力层和前馈神经网络层都有一个残差连接和层归一化（Layer-normalization），如图4.3（a）所示。第一个编码器的输入是一个向量序列，最后一个编码器的输出是一组键值和信息值向量序列 K 和 V。

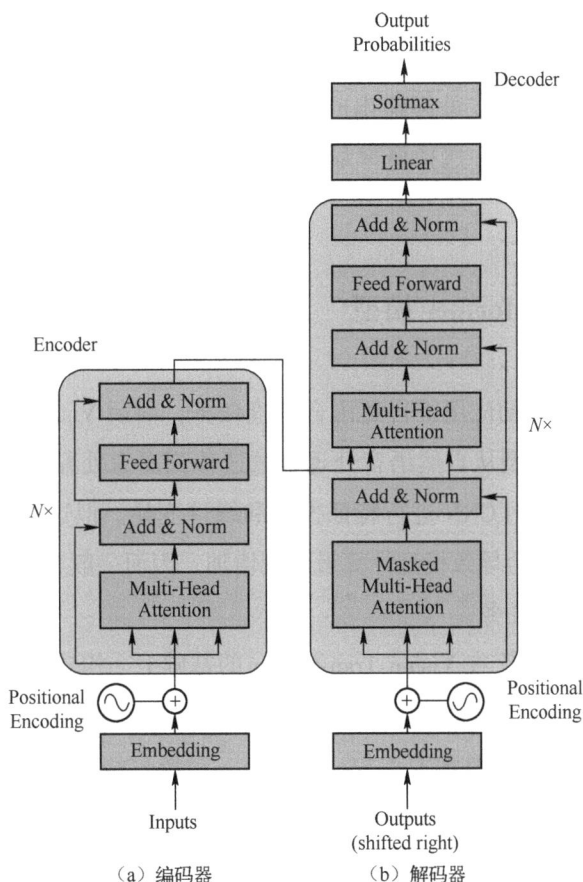

图4.3　Transformer 模型结构

　　同理，解码器也具有自注意力层和前馈神经网络层，但是这两层中间还插入了编码器-解码器注意力层（Encoder-Decoder Attention），将编码器最终输出的 K 和 V 输入到每个解码器的编码器-解码器注意力层，这有助于解码器把注意力集中到输入序列的合适位置。解码阶段的每一个时间步都输出一个向量，重复这个过程，直到输出一个结束符，

Transformer 就完成了所有的输出。各解码器每一步的输出都会在下一个时间步输入到随后的第一个解码器。解码器的自注意力层和编码器的不一样。在解码器里，自注意力层只关注到序列中早于当前位置之前的向量，具体做法是在注意力分数经过 Softmax 层之前，屏蔽当前位置之后的部分，称为"Masked Multi-Head Attention"，如图 4.3（b）所示。解码器的编码器-解码器注意力层是使用前一层的输出来构造查询矩阵，而键值矩阵和信息值矩阵来自编码器最终的输出。在每个时间步上，解码器直接输出的向量中每个元素是浮点数，由最后的线性层将解码器输出的向量，映射为一个称为 logits 的向量，其中的元素值表示每个可能输出向量的分数，最后的 Softmax 层把这些分数转换为概率（把所有的分数转换为正数，并且加起来等于 1）。然后选择最高概率对应的向量作为最终解码输出，就是这个时间步最终输出的向量。由于模型每个时间步只产生一个输出，可以认为模型是从概率分布中选择概率最大的向量，并且丢弃其他向量。这种方式被称为贪婪解码。

4.2.3　Swin Transformer 模型

Transformer 模型[73]最初应用于自然语言处理任务，而后 Vision Transformer 模型[74]的提出标志着 Transformer 模型从自然语言处理领域迁移到图像处理领域。Vision Transformer 将图像划分成图像块，利用 CNN 进行特征投影和线性变换。但这些图像块都是固定尺寸的，对高分辨率图像，将会导致模型计算量急剧增加，因而一般 Transformer 模型不适合处理语义分割、目标检测等任务。

Swin Transformer 模型[75]在 Vision Transformer 的基础上，构建了分层的特征映射规则。Swin Transformer 模型结构如图 4.4（a）所示。首先输入图像送入块切片（Patch Partition）模块进行分块，每 4×4 相邻像素为 1 块（Patch），再经过线性嵌入（Linear Embedding）层对每个像素的通道数据作线性变换。之后通过 4 个阶段构建不同大小的特征图。其中除第 1 阶段使用线性嵌入层外，后面 3 个阶段都是先通过一个块融合（Patch Merging）层，然后重复堆叠 Swin Transformer 模块。

各阶段的块融合层相当于进行下采样。如图 4.5 所示，如果输入块融合层的是一个 4×4 大小的特征图，块融合层将每 2×2 的相邻像素划分为一块，每块中相同位置像素（即图 4.5 中同一颜色）拼在一起得到 4 个特征图。这 4 个特征图在深度方向进行串接，再经过层归一化后通过一个全连接层在特征图的深度方向作线性变换，将深度减半。最终经过块融合层后特征图的高宽减半而深度翻倍。

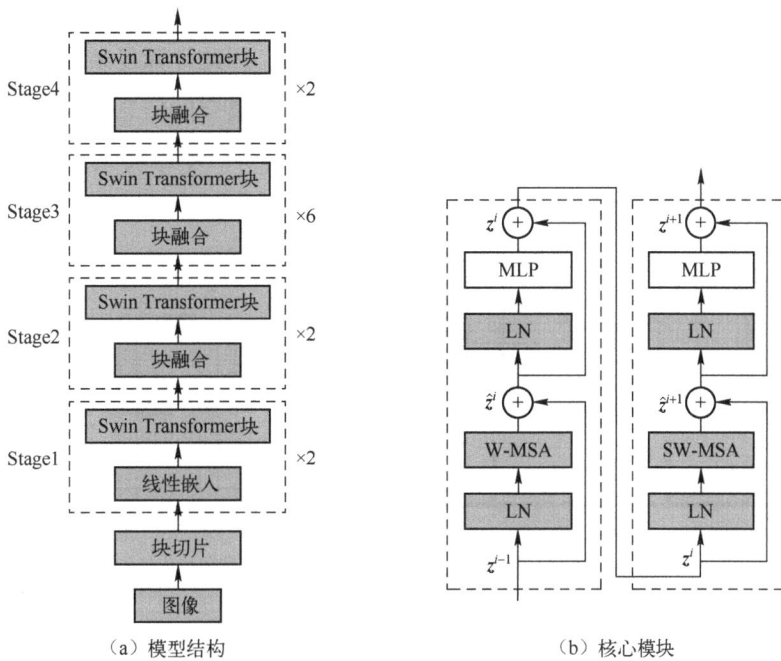

（a）模型结构　　　　　　　　　　　（b）核心模块

图 4.4　Swin Transformer 模型

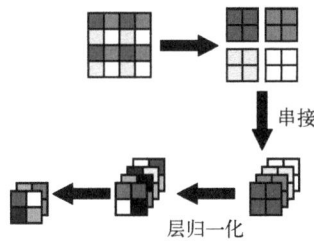

图 4.5　块融合层

　　每阶段核心模块是 Swin Transformer 模块，其包括 2 种结构，如图 4.4（b）所示，一种使用串联窗口多头自注意力机制（Windows Multi-Head Self-Attention，W-MSA），另一种使用移位窗口多头注意力机制（Shifted Windows Multi-Head Self-Attention，SW-MSA），两者交替成对使用。W-MSA 将特征图分成多个不相交区域，多头自注意力运算只在每一窗口内进行，如图 4.6（a）所示，因此能够减少计算量，但这样会隔绝不同窗口之间的信息传递。所以要使用 SW-MSA，让信息在相邻窗口传递。如图 4.6（b）所示例子，将原来第 i 层的 4 个窗口从左上角分别向右侧和下方偏移，形成 9 个窗口，每一窗口进行自注意力运算，这样原不同窗口之间的信息就能够传递。但若直接这样滑动窗口，得到的窗口数目将增多。Swin Transformer 模块通过使用高效的移位配置的批计算技术（Efficient

Batch Computation for Shifted Configuration），能够保持窗口数目不变，又解决窗口信息相互传递的问题。由于每个移位窗口的图像块数量是固定的，因此计算复杂度与图像大小呈线性关系，同时通过分层特征映射，可以完成特征图的长距离空间信息整合。这些优点使得 Swin Transformer 模块可以应用于大多数的计算机视觉任务。本章将基于 Swin Transformer 模型实现 Risser 征自动分级。

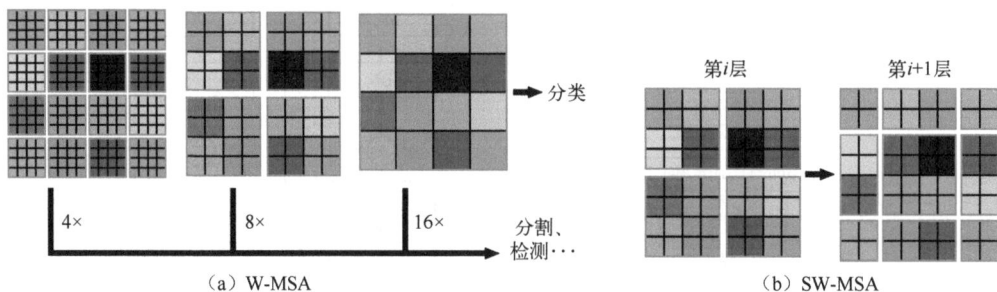

图 4.6　Swin Transformer 模块的 W-MSA 和 SW-MSA 处理过程

4.3　基于多任务学习的 Risser 征自动分级

　　本章多任务学习框架的总体结构如图 4.7 所示，它包括髂骨区域提取和 Risser 征自动分级的处理过程。网络有一个输入是骨盆 X 线图像，有两个输出分别得到髂骨区域和 Risser 征分级结果。Risser 征分级任务相当于 6 个 Risser 等级的分类任务。对于 Risser 征分级任务需要关注局部区域的位置信息，去除无用信息。骨盆 X 线图像的大部分区域与 Risser 征分级无关。为了提高 Risser 征分级精度，本章提出的多任务学习框架首先提取髂骨区域，去除了骨盆 X 图像中的大部分背景噪声，在此基础上最终完成 Risser 征分级。

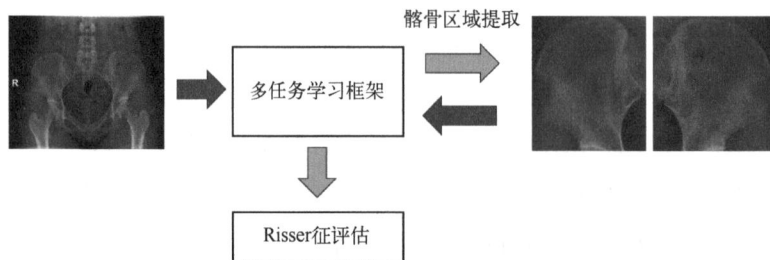

图 4.7　多任务学习框架的总体结构

68

4.3.1　基于 Swin-Transformer 模型的多任务特征提取

本章提出的改进的 Swin Transformer 模型用于 Risser 征分级示意图如图 4.8 所示。骨盆 X 线图像最初被输入到改进的 Swin Transformer 模型中进行髂骨区域提取，然后将提取到的髂骨区域送回到改进的 Swin Transformer 模型进行 Risser 征的分级。我们将改进的 Swin Transformer 模型中的一部分作为特征提取的骨干模块，称之为改进的 Swin Trans-former 模块。每个阶段包含块融合层和改进的 Swin Transformer 模块。改进的 Swin Trans-former 模块的移位窗口 4×4 自注意力图像块增强了局部特征信息，但也会导致全局信息缺失。为了解决这个问题，改进的 Swin Transformer 模块中采用了卷积层。卷积层可以帮助提取全局信息，但也增加了计算量并导致了冗余计算。因此结合空间和通道重构卷积（Spatial and Channel reconstruction Convolution，SCConv）模块[76]，我们重构了特征映射的通道和空间，减少了冗余计算。模型可以通过学习具有代表性的特征来获得更好的性能。由于数据集的大小对 Swin Transformer 模型的性能有影响，小规模数据集的性能可以通过迁移学习来提高，所以我们采用了预训练的权重进行训练，在加速模型收敛的同时，Risser 征分类的性能也得到了提高。

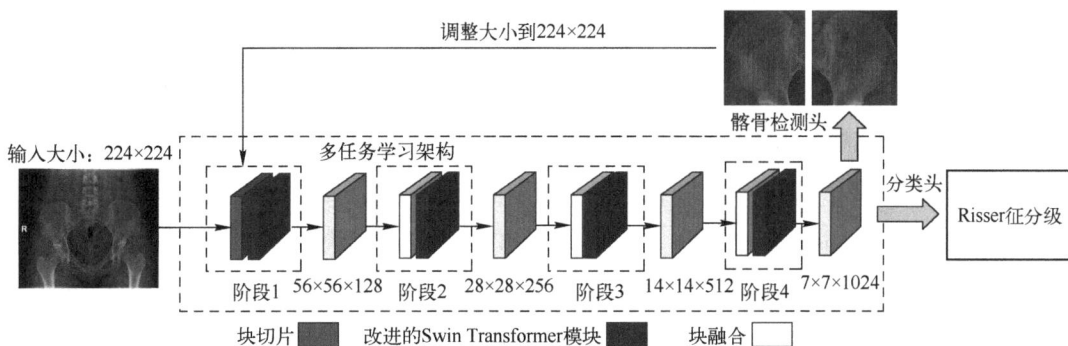

图 4.8　本章提出的改进的 Swin Transformer 模型用于 Risser 征分级示意图

模型的输出层包括了髂骨区域检测头和分类头，髂骨区域检测头我们选用了 Yolo V8[77]，检测到髂骨区域后将其切割并送入模型中进行 Risser 分类训练。从而最终得到 Risser 征分级结果。具体过程如下所述。

首先，将原始数据集发送到模型，通过多任务学习结构训练髂骨区域检测器进行髂骨区域检测，获取髂骨区域，如图 4.9 所示。然后，将提取的髂骨区域调整为 224×224 大小，并发送到多任务学习模型，训练一个分类器进行 Risser 征分类。一方面，原始图像含有一些噪声和伪影，通过提取髂骨区域模块，排除了原始图像中大部分背景噪声的影响。

另一方面，从原始数据集中提取髂骨区域来进行分级的方法与直接的 Risser 征分级相比，可以将数据集的数量翻倍，从而有助于提升 Risser 征分级的性能。而且我们的模型采用多任务学习结构，算法的复杂度并没有增加，通过多任务学习模型实现了髂骨区域检测任务和 Risser 征分级任务。

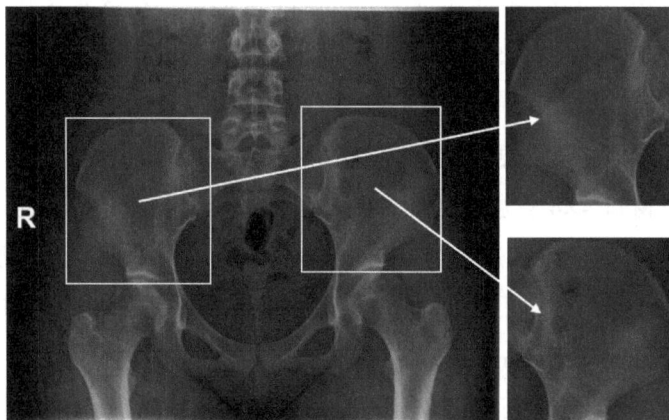

图 4.9　提取髂骨区域

4.3.2　改进的 Swin Transformer 模块

Swin Transformer 模块的移位窗口可以有效地捕获骨盆 X 线图像的局部信息。然而，对于 Risser 征分级，需要获取更多的全局信息，而原有的 Swin Transformer 模块对全局信息的提取能力不足。因此，为了进一步提高特征提取能力，降低通道冗余和空间冗余，我们提出了改进的 Swin Transformer 模块。改进的 Swin Transformer 模块结构如图 4.10 示。在每个阶段原有的 Swin Transformer 模块中增加了卷积支路，包含 SCConv 模块[76]来减少冗余计算并提升其提取图像特征的性能。处理后的特征调整大小后，与原 Swin Transformer 模块提取的特征进行融合，再往下一阶段传递。增加的卷积支路通过矩阵重构的操作来改变特征矩阵的形状，让其和卷积支路匹配，并使得支路上的特征矩阵通过 SCConv 模块。SCConv 模块由空间重构单元（Spatial Reconstruction Unit，SRU）和通道重构单元（Channel Reconstruction Unit，CRU）两个单元组成，分别用来减少空间冗余和通道冗余，促进了 Swin Transformer 结构中两个阶段之间的代表性特征学习。最后将卷积支路提取的特征重新重构为原 Swin Transformer 模块提取的特征矩阵形状，2 项特征融合后输出。因此改进的模型结合了原 Swin Transformer 模块和 SCConv 模块的优点，可以有效地提取全局特征和局部特征。

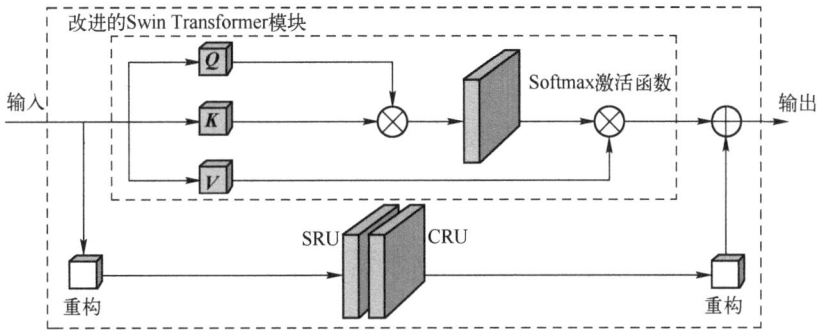

图 4.10　改进的 Swin Transformer 模块结构（内部虚线内为原始的 Swin Transformer 模块）

SCConv 模块中 SRU 的设计是为了减少特征的空间冗余，使用了分离和重构操作。分离操作的目的是将信息量大的特征图从信息量小的特征图中分离出来。重构操作是将信息量丰富的特征与信息量较少的特征叠加，生成信息量更多的特征并节省特征空间。通过将交叉重构运算获得的特征连接来获得空间细化特征图 X^w。因此将 SRU 应用于输入特征 X 后，不仅将信息量大的特征与信息量小的特征分离，而且对其进行重构，增强代表性特征的同时抑制空间维度上的冗余特征。

CRU 是为减少通道冗余而设计的，使用了拆分、转换、融合操作获得通道细化特征。拆分操作将空间细化特征 X^w 通道分为两个部分，然后使用 1×1 的卷积核压缩特征映射的通道数，这一操作可以提高计算效率。然后经过转换操作，使用全局分组卷积和逐点卷积进一步变换这两部分特征，提取更具代表性的信息。最后，进行融合，将两个变换后获得的特征经过池化和 Softmax 加权融合，形成最终通道细化特征。

通过将 SRU 和 CRU 按顺序排列，建立了 SCConv 卷积层。输入特征 X 先经过 SRU 得到空间细化特征 X^w，再经过 CRU 得到通道细化特征作为 SCConv 模块的输出。用 SCConv 模块取代标准的卷积模块，降低运算冗余的同时提升了髂骨区域特征提取的能力。

4.3.3　实施细节

1. 损失函数

➤ 髂骨区域检测损失函数

采用完全交并比（Complete Intersection over Union，CIoU）作为髂骨区域检测的损失函数。CIoU 考虑了重叠区域、中心点距离和宽高比，能够全面地衡量预测区域与真实区域之间的差异，CioU 损失函数定义为

$$L_{\text{CIoU}} = 1 - \text{IoU} + \frac{\rho^2(b_{\text{pred}}, b_{\text{gt}})}{c^2} + \alpha v \tag{4-2}$$

式中：交并比 $\text{IoU} = \frac{|b_{\text{pred}} \cap b_{\text{gt}}|}{|b_{\text{pred}} \cup b_{\text{gt}}|}$，它是预测区域 b_{pred} 与真实区域 b_{gt} 的交集和并集之比，用于评估预测区域和真实区域的重叠度；$\rho^2(b_{\text{pred}}, b_{\text{gt}})$ 是预测区域 b_{pred} 与真实区域 b_{gt} 中心间的欧氏距离；c 是最小包围框的对角线长度；α 是权重系数；v 是宽高比一致性度量，其定义为

$$v = \frac{4}{\pi^2}\left(\arctan \frac{w_{\text{gt}}}{h_{\text{gt}}} - \arctan \frac{w_{\text{pred}}}{h_{\text{pred}}}\right)^2 \tag{4-3}$$

式中，$\frac{w_{\text{gt}}}{h_{\text{gt}}}$ 是真实区域的宽高比，$\frac{w_{\text{pred}}}{h_{\text{pred}}}$ 是预测区域的宽高比。

> **Risser 征分级损失函数**

本章设计了一个适合 Risser 征分级的损失函数。为了解决数据集正负样本不平衡问题，将焦点损失和二值交叉熵损失结合起来，损失函数定义为

$$L_{\text{focal-BCE}} = \lambda\left(-y_{\text{true}}\lg y_{\text{pred}} - (1-y_{\text{true}})\lg(1-y_{\text{pred}})\right) + \\ (1-\lambda)\left(-(1-y_{\text{pred}})^\gamma \lg(y_{\text{pred}})\right) \tag{4-4}$$

式中：λ 为平衡因子；γ 为焦点损失参数，范围在 $[0, 5]$，用于控制简单/难区分样本数量的平衡；y_{true} 为真值；y_{pred} 为预测值。

2. 实验设置

髂骨区域提取和 Risser 征分级模块在 8GB 内存的 NVIDIA 2080 GPU 上进行训练。训练周期设置为 100，学习率为 0.0001。数据增强包含随机水平翻转、随机垂直翻转、随机旋转和颜色抖动。随机旋转的旋转速率为 15。亮度、对比度、色相和色饱和度间隔各为 0.2。由于数据集规模小，特征提取困难，我们使用 ImageNet-10k 上 Swin Transformer 模型[75]的预训练权值进行训练。训练数据集的图像大小调整为 224×224。Risser 征分级的损失函数的超参数 λ 为 0.5。

3. 评价指标

我们使用准确率（ACC）、精确度（Precision）、召回率（Recall）和 F1 分数（F1 Score）来评估 Risser 征分级的可靠性和准确性。精确度定义见式（2-10），召回率定义见式（2-11）。准确率（ACC）和 F1 分数分别定义为

$$\text{ACC} = \frac{\text{TP+TN}}{\text{TP+FP+FN+TN}} \tag{4-5}$$

$$F1\ score = 2 \cdot \frac{precision \cdot recall}{precision + recall} \tag{4-6}$$

式中，TP、TN、FP、FN 为真阳性、真阴性、假阳性、假阴性的集合。

进一步，采用卡方分布来检验所提出的方法的显著性。卡方分布的定义为

$$\chi^2 = \sum \frac{(O-E)^2}{E} \tag{4-7}$$

式中，O 是观测频数，E 是预期频数，$\sum$ 为求和符号。

4. 数据集

髂骨区域检测任务中数据集包含 634 幅骨盆 X 线图像，取其中 111 幅图像作为测试集，523 幅图像作为训练集。在进行 Risser 征分级时，数据集通过髂骨目标检测头加倍（其中 2 幅训练图像中一侧髂骨不完整，提取髂骨区域后只使用完整一侧的髂骨图像）。训练使用 1044 幅髂骨 X 线图像，测试使用 222 幅图像。图 4.11 显示了髂骨区域检测和 Risser 征分级训练数据集的分布情况，其中有部分图像左右两侧闭合程度不同，导致左右 Risser 征等级不同。髂骨区域和 Risser 征由具有 20 年临床经验的骨科医生给出标签，作为金标准。髂骨区域检测使用 Yolo 数据集注释格式，Risser 征等级评估分为六个类别（Risser 征 0~5 级）。

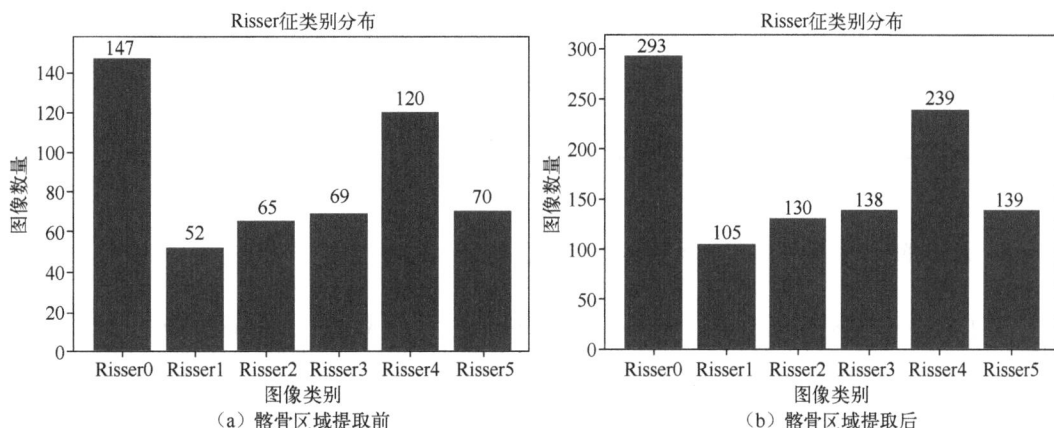

图 4.11　训练集分布

4.3.4　实验结果

1. 髂骨区域提取模块的消融实验

通过实验探索了多任务学习框架中提取髂骨区域对最终 Risser 征分级的作用。除了测

试改进的 Swin Transformer 模型，还测试了使用 ResNet50[35]、ResNet101[35] 和原 Swin Transformer[75] 模型，实验结果见表 4.1。由表可见，无论是改进的 Swin Transformer 模型还是 ResNet50[35]、ResNet101[35] 或原 Swin Transformer[75] 模型，与直接使用原始数据集进行训练的结果相比，多任务学习框架中从原始数据集中提取髂骨区域再进行训练可以取得更好的 Risser 征分级性能。进一步，通过实验比较了相同数据量的原始数据集和髂骨区域提取后的数据集的测试结果。髂骨区域提取后的图像质量显然更佳，从而在数据量相同的情况下，髂骨区域提取后的数据集进行 Risser 征分级获得了更好结果。实验结果表明，多任务学习框架中提取髂骨区域不仅增加了数据集的数量，还减少了图像中无关的背景噪声，因而可以有效提高 Risser 征分级的准确率。

表 4.1　Risser 征分级使用原始数据集与增加髂骨区域提取数据集的实验结果

数　据　集	模　　型	准　确　率	精　确　度	召　回　率	F1 分数
原始数据集	ResNet50[35]	0.6486	0.6378	0.6521	0.6423
	ResNet101[35]	0.6847	0.6773	0.6822	0.6773
	Swin Transformer[75]	0.7117	0.7045	0.7043	0.7021
	本章方法	0.7297	0.7237	0.7177	0.7186
髂骨提取后数据集	ResNet50[35]	0.7568	0.7462	0.7542	0.7494
	ResNet101[35]	0.7703	0.7611	0.7657	0.7631
	Swin Transformer[75]	0.7973	0.7884	0.7910	0.7886
	本章方法	0.8153	0.8063	0.8080	0.8058

2. 改进的 Swin Transformer 模型的消融实验

为了检验了改进的 Swin Transformer 模型的有效性，并获得 Risser 征分级的最佳性能，将 SCConv 模块添加到 Swin Transformer 模型中不同阶段的 Swin Transformer 模块中，即分别在不同阶段使用改进的 Swin Transformer 模块替换原模块。表 4.2 展示了不同策略下的实验结果。从结果可见，将改进的 Swin Transformer 模块替换所有阶段的原有模块，可以得到最佳性能。改进的 Swin Transformer 模块是一个轻量级模块。它几乎没有增加模型中参数的数量。与原始的 Swin Transformer 模型相比，改进后模型的准确率提高了 1.8%。

表 4.2　改进的 Swin Transformer 模型的有效性

模型		准确率	精确度	召回率	F1 分数
原始的 Swin Transformer[75] 模型		0.7973	0.7884	0.7910	0.7886
改进的 Swin Transformer 模型	第 1 阶段	0.8018	0.7912	0.7953	0.7923
	第 2 阶段	0.8063	0.7954	0.7982	0.796
	第 3 阶段	0.8108	0.8001	0.8043	0.8011
	第 4 阶段	0.8153	0.8063	0.8080	0.8058

3. 与现有方法比较

在髂骨区域提取后的数据集上，将本章的方法与现有方法进行了比较，结果见表 4.3。与 ResNet-50[35]、ResNet-101[35]、ConvNeXt[78] 和原 Swin Transformer[75] 模型相比，准确率分别提高了 5.85%、4.50%、2.25% 和 1.80%。本章提出的方法具有更高的 Risser 征分级精度。尽管 ResNet 模型[35] 的参数量低于本章方法，但精度却远低于本章方法。而 ResNet 模型的浮点计算次数比我们提出的方法更高。与 ConvNeXt 或原始 Swin Transformer 模型相比，本章方法具有更高的计算效率。

表 4.3　与现有的先进模型比较

模　型	准确率	精确度	召回率	F1 分数	参数量（Mbit）	每秒浮点运算（G）
ResNet50[35]	0.7568	0.7462	0.7542	0.7494	25	63.09
ResNet101[35]	0.7703	0.7611	0.7657	0.7631	44	121.3
ConvNeXt[78]	0.7928	0.7823	0.7855	0.7829	89	15.4
Swin Transformer[75]	0.7973	0.7884	0.7910	0.7886	89	15.4
本章方法	0.8153	0.8063	0.8080	0.8058	86	9.4

4. 医学分析

临床医学分析对于 Risser 征的自动分级是否能在临床上实际应用非常重要。以具有 20 年临床经验的骨科医生的 Risser 征分级结果作为金标准，另外又邀请了一名骨科实习医生对测试集进行 Risser 征分级。表 4.4 展示了本章方法的分级结果与金标准对比的准确率和骨科实习医生的分级结果与金标准对比的准确率。实验结果表明，Risser 征的人工分级存在操作者误差，具有丰富经验的骨科医生分级结果与骨科实习医生分级结果存在很大差异。而通过使用本章提出的 Risser 征自动分级方法，具有较高的准确度，可以消除操作者误差，可以在临床上实际应用。

表 4.4 人工分级与自动分级的准确率对比

Risser 征	本章方法 vs 金标准（%）	骨科实习医生 vs 金标准（%）
0 级	0.8696	0.7674
1 级	0.7272	0.6363
2 级	0.7586	0.5862
3 级	0.7586	0.6207
4 级	0.8448	0.7241
5 级	0.8888	0.7407

5. 模型的可解释性

深度学习方法的可解释性值得讨论。有些分级结果是正确的，但其决策依据的特征是错误的。为了解释模型提取的特征和分级结果，我们采用梯度加权类激活映射（Gradient-weighted Class Activation Mapping，Grad-CAM）[79] 来提取特征权重，以解释自动 Risser 征分级依据。这一过程有助于骨科医生理解深度学习模型所提取的分级特征。在训练模型后，测试集图像被发送到 Grad-CAM 层以生成相应的热力图。Risser 征 0~5 级热力图如图 4.12 所示。从热力图中可以发现，特征是在髂骨附近提取的。热力图可视化结果证明了我们提出的模型自动 Risser 征分级所依据的特征与医学特征是一致的，因而自动 Risser 征分级是可信的。

图 4.13 展示了本章方法计算的混淆矩阵。混淆矩阵显示了本章模型在测试集上取得了可以接受的结果，该方法的测试结果是稳定的。从混淆矩阵中可以发现，大多数错误分级案例都处于级数比较接近的情况，例如 Risser 征 2 级和 3 级，或 Risser 征 3 级和 4 级。其中 Risser 征 2、3 和 4 级容易出现误分级的主要原因是这几个阶段脊柱的生长期相对较为接近[80]。

6. Risser 征自动分级算法的局限性

对错误分级原因的探讨中，我们发现错误分级数据存在 2 个问题：①左右髂骨区域生长情况不同；②X 线图像过于模糊，无法有效提取特征来区分 Risser 征等级。图 4.14 所示为错误分级示例。图 4.14（a）所示为左边髂骨区域和右边髂骨区域错误分级结果。左边髂骨区域被划分为 Risser 征 3 级，右边髂骨区域被划分为 Risser 征 4 级。错误分级的原因是左边髂骨区域和右边髂骨区域的生长程度不同。图 4.14（b）所示为模糊图像的错误分级结果。这个案例的标签是 Risser 征 3 级，但是自动分级结果是 Risser 征 4 级。说明模糊图像可导致错误分级。本章方法分级时如果出现左右两侧髂骨区域判别不同的情况，需要骨科医生的进一步复核来判断 Risser 征等级。后续可以通过增加训练数据集的数量来提高准确率。

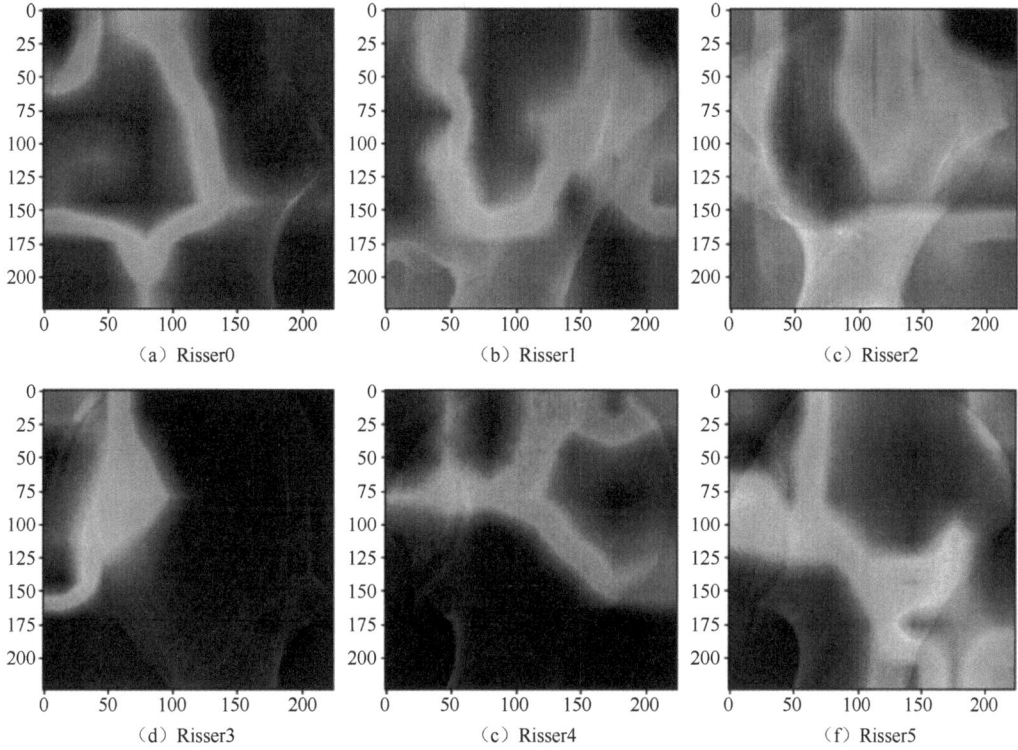

（a）Risser0　　　　　　　（b）Risser1　　　　　　　（c）Risser2

（d）Risser3　　　　　　　（c）Risser4　　　　　　　（f）Risser5

图 4.12　Risser 征分级的 Grad-CAM 可视化（可到华信教育资源网下载该图彩色图片）

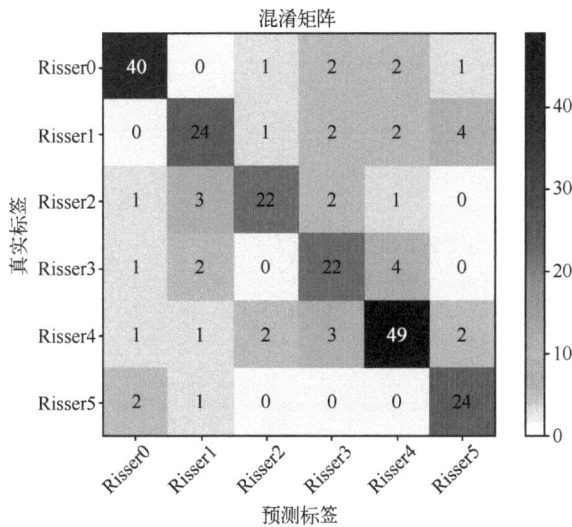

图 4.13　本章方法计算的混淆矩阵

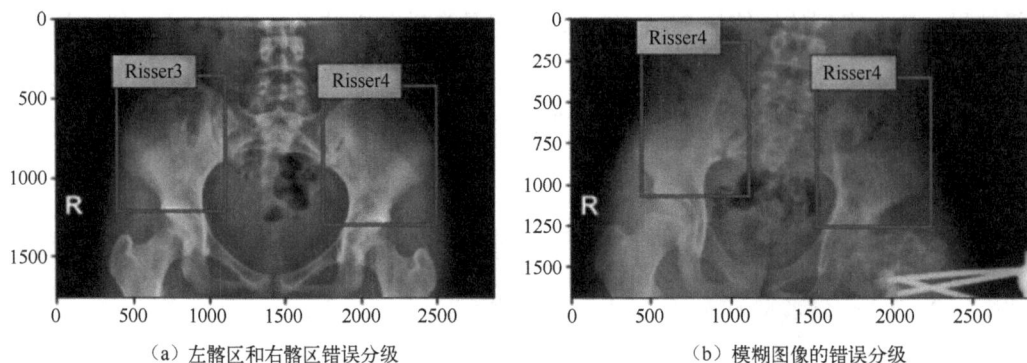

（a）左髂区和右髂区错误分级　　　　　（b）模糊图像的错误分级

图 4.14　错误分级示例

4.4　本章小结

本章提出了一个包含髂骨区域提取和 Risser 征分级的多任务学习框架，实现了自动 Risser 征分级。多任务学习框架中使用改进的 Swin Transformer 模型作为多任务特征提取网络，其中包含增加了 SCConv 模块的改进的 Swin Transformer 模块。基于髂骨区域提取的 Risser 征分级的总体准确率为 81.53%，与现有方法相比，准确率有所提高。实验结果表明，本章方法获得良好的 Risser 征分级性能，可以消除操作者误差，可以在临床上实际使用。

第5章

脊柱 X 线图像三维重建

脊柱三维（3D）几何模型对于脊柱侧凸的评估非常重要。在进行脊柱 CT 时，患者需要保持平躺姿势，无法在站立姿态下进行成像。相较于 CT，X 线成像因其具有辐射剂量低、检查费用低、检查时间短以及可以站立位成像等优势，是脊柱侧凸诊断中最为常用的成像方法。然而，X 线图像存在三维信息缺失以及解剖结构重叠等问题。基于 X 线图像的三维重建能够解决这些问题。

5.1 脊柱三维重建方法研究现状

目前，脊柱 X 线成像三维重建方法主要分为两大类：一是传统方法，二是基于深度学习方法。

5.1.1 传统脊柱三维重建方法

早期的脊柱 X 线成像三维重建方法需要手动对校准后的 X 线图像标记解剖标志点，然后利用立体匹配点（Stereo-Corresponding Point，SCP）、非立体匹配点或直接线性变换等算法来计算解剖标志在三维空间中的位置。例如：文献［81］提出了 SCP 与几何方法相结合的脊柱三维重建方法，该方法从 X 线图像中提取椎骨特征并通过几何变换来优化 SCP 的重建结果；针对 X 线图像需要校准的问题，文献［82］开发了一种自校准算法，可以从未校准的 X 线图像中重建出三维脊柱和骨盆；文献［83］使用焦距和统计模型来估计成像系统的几何参数，可以在不需要校准对象的情况下实现高精度的三维重建；针对人工识别椎骨解剖标志耗时长的问题，文献［84］提出了一种基于插值和优化的半自动三维重建方法；此外，文献［85］提出了基于纵向和横向推断的参数模型的双平面 X 线脊柱三维重建方法，降低了重建时间。本书作者提出了基于模糊 Hough 变换进行椎体轮廓匹配的重建方法[86]，但需要手工在 X 线图像中标记脊柱中线。

由于统计形状模型方法在图像配准和分割等任务中的出色表现，已被广泛应用于脊柱三维重建任务中。例如：文献 [87] 提出了基于图像和统计模型的混合方法，实现脊柱个性化三维重建，该方法首先使用回归模型生成脊柱的初始统计模型，然后采用水平集分割、外极约束来优化模型；文献 [88] 将脊柱建模成一个铰链式结构，并构建了脊柱形状的统计模型，该方法通过调整样条控制点的位置来提高重建精度；文献 [89] 提出了一种基于一类支持向量机的统计形状模型，降低了模型对训练数据中异常值的敏感性；文献 [90] 通过球形 Demons 算法构建了腰椎主动形状模型，该方法无须对 X 线图像进行校准。但这些方法依赖于所建立的统计形状模型的准确性。

5.1.2　基于深度学习的脊柱三维重建方法

随着计算机科学与人工智能的飞速发展，研究者们开始将深度学习引入脊柱 X 线图像的自动三维重建任务中。例如，文献 [91] 通过将传统方法与深度学习技术相融合，实现了一种快速、全自动的脊柱三维重建方法。该方法利用卷积神经网络（CNN）对统计形状模型中的特征点进行精准预测。文献 [92] 则开发了一种生成对抗网络，该网络能够从仿真的 X 线图像中有效重建出三维脊柱结构；通过在 6 个数据集上的实验，验证了从脊柱的双平面 X 线图像中重建三维结构的可行性。文献 [93] 提出了一种图像维度增强方法，并设计了一种具有维度一致的编码解码网络（BX2S-Net）用于脊柱三维重建。为了解决脊柱 X 线图像中的伪影和软组织干扰问题，文献 [94] 提出了一种图像增强算法，并设计了 SP-Net 用于脊柱三维重建；然而，该模型依赖双平面 X 线图像的基本矩阵作为先验知识。文献 [95] 提出了具有生成对抗结构的 ReVerteR 网络，并设计了自注意力机制和多损失函数，以缓解重建过程中的样本不平衡问题。此外，文献 [96] 提出了一种基于双平面 X 线图像的腰段脊柱自适应三维重建方法，该方法在仿真数据和真实数据上均表现良好；然而，该方法需要对 X 线图像进行校准。

总之，传统的脊柱 X 线图像重建方法需要手动标记并配准解剖标志点。这个过程极其费力耗时。统计形状模型方法存在计算复杂度高、形状对齐困难的问题。大多数现有的深度学习方法侧重于从双平面 X 线图像中重建三维脊柱。与单视图像重建相比，这些方法存在数据采集烦琐、算法复杂度高、计算时间长等局限性。

5.1.3　单视图三维重建

目前，三维模型主要有网格、点云和体素三种表现形式。文献［97］提出了一种双流神经网络，用于从单幅 X 线图像中实现手骨和软组织的三维重建。文献［98］提出了一种名为 DeepOrganNet 的深度神经网络用于三维器官重建，DeepOrganNet 可以从单视图实时重建高精度三维器官几何形状。文献［99］提出了一种神经网络框架，用于从单幅内窥镜图像重建三维点云，该框架首先设计一个无监督的网络来生成深度图，然后使用自编码器网络来重建三维点云。文献［100］提出了 X-ray2Shape 框架，该框架结合了 CNN 和图卷积神经网络（Graph Convolution Network，GCN），从低对比度图像中重建三维肝脏形状，其中 CNN 和 GCN 分别用于提取特征和生成三维网格。文献［101］提出了用于三维器官重建的 X2V 网络，其中使用隐函数来表示肺表面，使用 Transformer 模型提取特征；与文献［98］提出的方法相比，X2V 网络的重建精度更高。文献［102］提出了一种称为 DSCRecon 的双阶段框架，用于从单幅 X 线图像进行器官的四维（four-dimensional，4D）重建：在第 1 阶段，提出 STIM-Net 用于四维形状建模；在第 2 阶段，使用 MGFD-Net 来细化 STIM-Net 生成的四维形状模型。

由于脊柱结构复杂，脊柱 X 线图像中存在大量的噪声和伪影，这增加了脊柱三维重建的难度。本章提出 SR-Net 模型，实现从单幅 X 线图像中重建三维脊柱。

5.2　网络结构设计

5.2.1　网络总体结构

本章提出的 SR-Net 的结构如图 5.1 所示，它由编码器、维度变换和解码器三部分组成。

编码器的输入是大小为 128×128 的单幅 X 线图像。在编码器中，小波特征提取模块（Wavelet Feature Extraction Module，WFEM）用于特征提取。然后使用卷积核大小为 3×3、步幅为 2 的卷积层来降低特征图的分辨率。每个卷积层之后是批归一化（BN）和校正线性激活函数（ReLU）。经过 5 次下采样操作，获得大小为 4×4 的二维特征图。

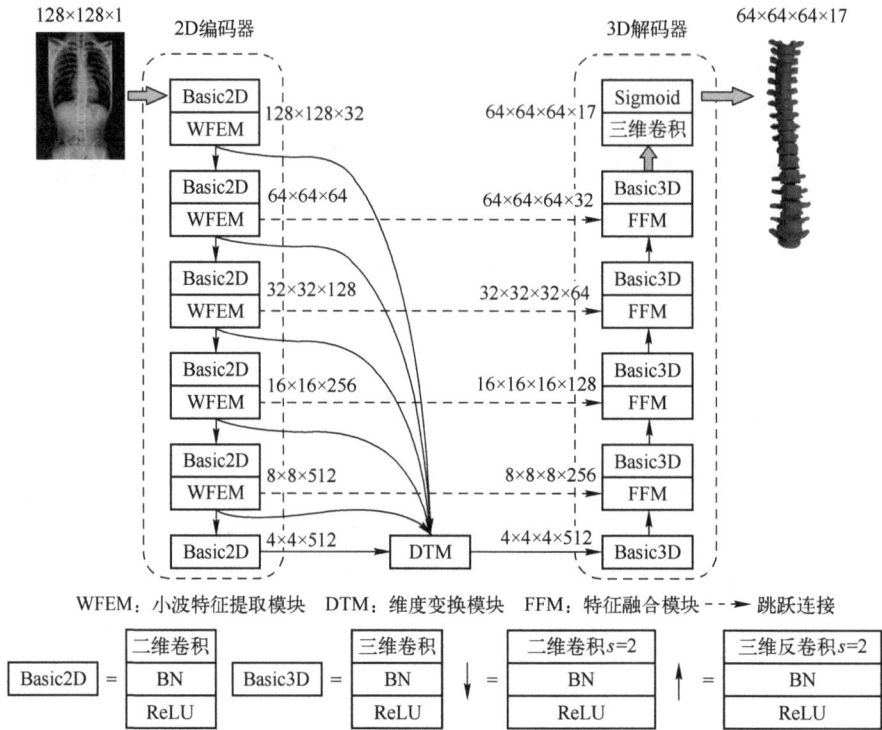

图 5.1　SR-Net 的结构

编码器输出的二维特征图通过维度变换模块（Dimensional Transformation Module，DTM）扩展为三维特征图。与编码器类似，解码器使用核大小为 3×3×3、步长为 2 的反卷积层来提高特征图的分辨率。编码器的二维特征图和解码器的三维特征图通过特征融合模块（Feature Fusion Module，FFM）进行融合。解码器的输出是 17 个对应的大小为 64×64×64 的三维体素模型。

5.2.2　小波变换特征提取模块

1. 小波变换优势

小波变换是信号处理中的重要工具，可以提取信号的时域和频域信息。由于其强大的特征提取能力，被广泛应用于图像处理的各个领域中，包括图像超分辨重建、图像增强、分类、分割、恢复、去雨和去噪。一些研究人员直接用小波变换代替 CNN 中的算子。例如，文献［103］提出了一种用于图像恢复的多级小波卷积网络（Multi-level Wavelet CNN，MWCNN）。在 MWCNN 中，下采样操作被离散小波变换（Discrete Wavelet Transform，

DWT）所取代，以降低分辨率并扩大感受野，并且用逆小波变换（Inverse Wavelet Transform，IWT）代替上采样操作来恢复分辨率。文献［104］设计了小波变换卷积代替深度卷积，从而增大感受野。

小波变换在医学图像处理领域也得到了广泛的应用。例如：文献［105］提出了曲面小波注意模块，用于胶囊内窥镜图像增强中的局部特征学习；文献［106］将小波子网络与基于分数的生成模型相结合，以提高对噪声数据的鲁棒性；文献［107］开发了一种小波引导的注意力模块，用于提取皮肤病变的边界信息；文献［108］将小波变换引入扩散模型中，以提高 CT 重建的准确性；文献［109］使用小波变换来减少超声图像中斑点噪声对癌症检测的影响。

2. 小波特征提取模块（Wavelet Feature Extraction Module，WFEM）

由于脊柱 X 线图像中存在大量的噪声和伪影，为了提高 X 线图像的质量，文献［92］和文献［94］分别提出了图像增强算法对 X 线图像进行预处理。为了解决这个问题，本章引入了小波变换。基于 2D Haar DWT，本章设计了 WFEM，通过卷积运算实现小波分解过程。WFEM 的结构如图 5.2 所示，本章设计了 4 个不同的卷积核（f_{LL}、f_{LH}、f_{HL}、f_{HH}）并通过卷积运算对输入特征图进行滤波。

卷积核的定义为

$$\begin{cases} f_{\text{LL}} = \dfrac{1}{2}\begin{bmatrix} 1 & 1 \\ 1 & 1 \end{bmatrix} \\[6pt] f_{\text{LH}} = \dfrac{1}{2}\begin{bmatrix} 1 & -1 \\ 1 & -1 \end{bmatrix} \\[6pt] f_{\text{HL}} = \dfrac{1}{2}\begin{bmatrix} 1 & 1 \\ -1 & -1 \end{bmatrix} \\[6pt] f_{\text{HH}} = \dfrac{1}{2}\begin{bmatrix} 1 & -1 \\ -1 & 1 \end{bmatrix} \end{cases} \tag{5-1}$$

同时，本章通过设置卷积运算的步长来实现下采样过程。DWT 实现方式为

$$\begin{cases} \text{LL} = \text{Conv2D}\left(\text{kernal\_size} = f_{\text{LL}}, \text{strides} = 2\right)(\text{input}) \\ \text{LH} = \text{Conv2D}\left(\text{kernal\_size} = f_{\text{LH}}, \text{strides} = 2\right)(\text{input}) \\ \text{HL} = \text{Conv2D}\left(\text{kernal\_size} = f_{\text{HL}}, \text{strides} = 2\right)(\text{input}) \\ \text{HH} = \text{Conv2D}\left(\text{kernal\_size} = f_{\text{HH}}, \text{strides} = 2\right)(\text{input}) \end{cases} \tag{5-2}$$

式中，LL、LH、HL 和 HH 是通过小波分解获得的不同频率的 4 个子带。

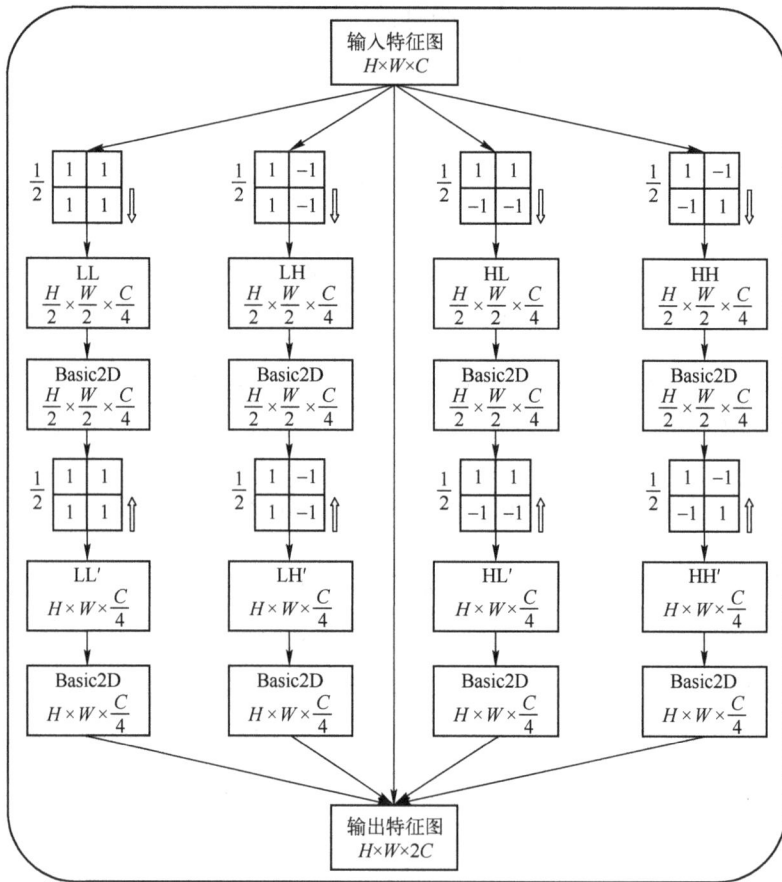

图 5.2　WFEM 的结构

此外，本章使用 Basic2D 模块提取 4 个子带（LL、LH、HL、HH）的特征，并通过反卷积实现了小波重建过程。IWT 实现方式为

$$\begin{cases} LL' = DeConv2D(kernal\_size = f_{LL}, strides = 2)(LL) \\ LH' = DeConv2D(kernal\_size = f_{LH}, strides = 2)(LH) \\ HL' = DeConv2D(kernal\_size = f_{HL}, strides = 2)(HL) \\ HH' = DeConv2D(kernal\_size = f_{HH}, strides = 2)(HH) \end{cases} \tag{5-3}$$

同样，本章使用 Basic2D 模块提取 4 个子带（LL′、LH′、HL′、HH′）的特征。最后，将 4 个子带和输入特征图拼接起来，以获得最终的输出特征图。

5.2.3　维度变换模块

二维编码器的输出不能直接用作三维解码器的输入。文献［110］直接使用重构

（Reshape）层实现了维度的转换，但这样的方式存在编码器特征利用率不足的问题。本章设计了维度变换模块（DTM）来过渡二维编码器输出和三维解码器输入。DTM 的结构如图 5.3 所示。DTM 的输入是来自编码器的不同分辨率的特征图。首先，通过平均池化操作将这些特征图统一调整为 4×4 的大小；其次，在通道维度上将这些调整后的特征图拼接；再则，本章还设计了通道注意力模块，以有效去除拼接后的特征图中的冗余信息；最后，经过展平（Flatten）层、全连接（Dense）层和重构（Reshape）层的处理，最终获得大小为 4×4×4 的特征图。

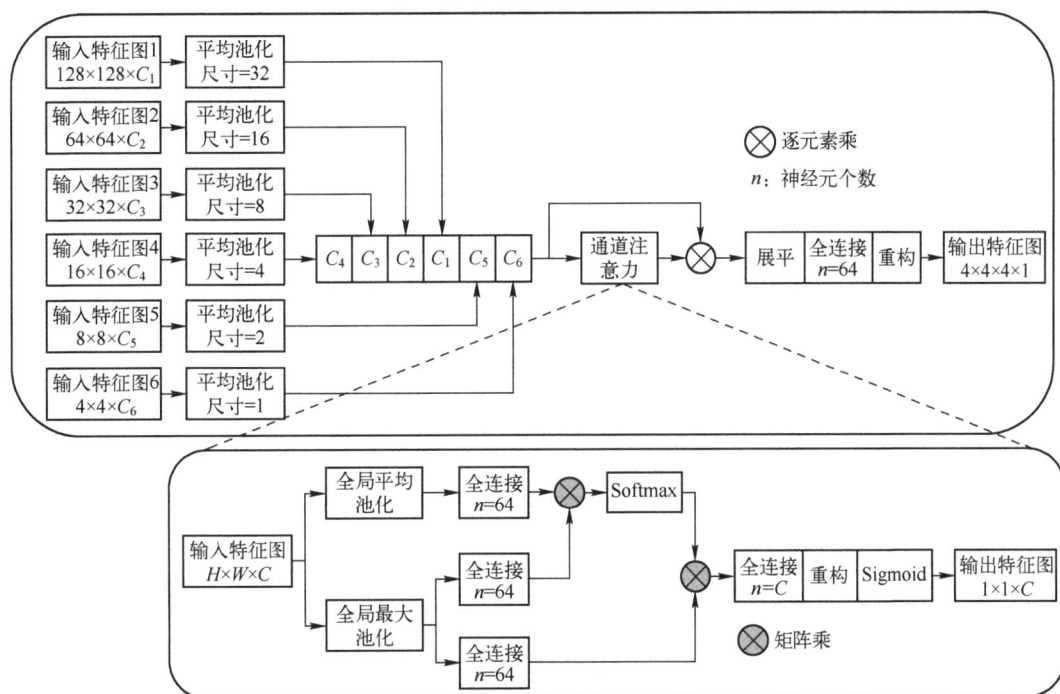

图 5.3　DTM 的结构

如图 5.3 所示，本章设计的通道注意力参考了 CBAM[34] 中的方法。输入特征图 $F \in \mathbb{R}^{H \times W \times C}$ 分别通过全局平均池化和全局最大池化操作对空间维度进行压缩，计算过程为

$$F_{\text{avg}}^{1 \times 1 \times C} = \text{GlobalAvgPool}(F^{H \times W \times C})$$
$$F_{\text{max}}^{1 \times 1 \times C} = \text{GlobalMaxPool}(F^{H \times W \times C})$$

$$(5-4)$$

本章进一步引入自注意力机制[73]。查询（Q）、键值（K）和信息值（V）的计算方式为

$$\begin{cases} \boldsymbol{Q} = \mathrm{Dense}(F_{\mathrm{avg}}^{1\times1\times C}) \\ \boldsymbol{K} = \mathrm{Dense}(F_{\mathrm{max}}^{1\times1\times C}) \\ \boldsymbol{V} = \mathrm{Dense}(F_{\mathrm{max}}^{1\times1\times C}) \end{cases} \tag{5-5}$$

自注意力计算过程为

$$\mathrm{SelfAttention}(\boldsymbol{Q},\boldsymbol{K},\boldsymbol{V}) = \mathrm{Softmax}\left(\frac{\boldsymbol{Q}\boldsymbol{K}^{\mathrm{T}}}{\sqrt{d}}\right)\boldsymbol{V} \tag{5-6}$$

式中，d 是 $\boldsymbol{Q}$、$\boldsymbol{K}$ 或 $\boldsymbol{V}$ 的维度。

最后，通过 Dense 层、Reshape 层和 Sigmoid 函数的处理，获得通道注意力图 $M \in \mathbb{R}^{1\times1\times C}$，计算过程为

$$M(F)^{1\times1\times C} = \sigma(\mathrm{Reshape}(\mathrm{Dense}(\mathrm{SelfAttention}(\boldsymbol{Q},\boldsymbol{K},\boldsymbol{V})))) \tag{5-7}$$

式中，σ 表示 Sigmoid 函数。

5.2.4 特征融合模块

许多编码解码器网络都会采用跳跃连接结构来整合不同尺度的特征，例如 U-Net[13]。在纯二维或三维编码解码器网络中实现跳跃连接是没有障碍的。然而，对于二维编码器和三维解码器结构，需要设计新的结构来实现跳跃连接。本章提出了特征融合模块（Feature Fusion Module，FFM）来连接二维编码器和三维解码器。FFM 的结构如图 5.4 所示。首先，使用 Basic2D 模块使二维编码器特征图 $F_{\mathrm{Encoder2D}} \in \mathbb{R}^{H\times W\times C_1}$ 的通道数等于其高或宽；其次，将二维特征图 $F_{\mathrm{Encoder2D}} \in \mathbb{R}^{H\times W\times H}$ 重塑为单个通道的三维特征图 $F_{\mathrm{Encoder3D}} \in \mathbb{R}^{D\times H\times W\times 1}$；然后，通过 Basic3D 模块获得与解码器特征图具有相同通道数的三维特征图 $F_{\mathrm{Encoder3D}} \in \mathbb{R}^{D\times H\times W\times C_2}$；最后，将编码器三维特征图 $F_{\mathrm{Encoder3D}} \in \mathbb{R}^{D\times H\times W\times C_2}$ 和解码器三维特征图 $F_{\mathrm{Decoder3D}} \in \mathbb{R}^{D\times H\times W\times C_2}$ 进行相加，从而得到输出特征图。

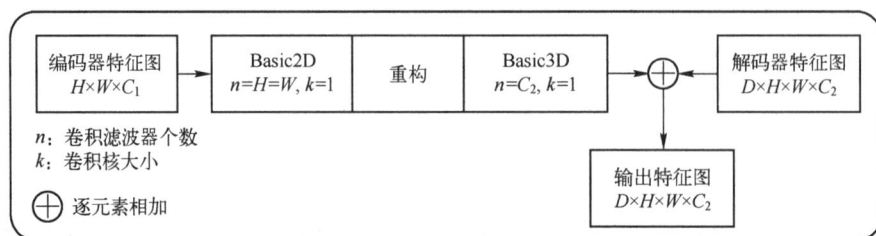

图 5.4　FFM 的结构

5.2.5　损失函数

本章将均方误差（Mean Square Error，MSE）损失作为网络的基本重建损失，其定义为

$$L_{\mathrm{MSE}} = \frac{1}{N} \sum_{i=1}^{N} (x_i - y_i)^2 \tag{5-8}$$

式中：N 为体素的总数；x_i 和 y_i 分别为第 i 个体素的真值和预测值。

由于三维椎骨占整个体素网格的比例约为 10%，这将引出正负样本不平衡的问题。本章采用焦点（FOCAL）损失来解决这个问题，其定义为

$$L_{\mathrm{FOCAL}} = -\alpha_t (1-p_t)^\gamma \log(p_t) \tag{5-9}$$

式中：p_t 为模型对目标类的预测概率；α_t 为用于调整正负样本之间影响的平衡因子；γ 为用于调整难样本和易样本权重的焦点因子。

由于椎骨的复杂结构，本章提出了用于三维形状约束的结构相似性度量（Structural Similarity Index Measure，SSIM）损失，其定义为

$$\mathrm{SSIM} = \frac{(2\mu_x\mu_y + C_1)(2\sigma_{xy} + C_2)}{(\mu_x^2 + \mu_y^2 + C_1)(\sigma_x^2 + \sigma_y^2 + C_2)} \tag{5-10}$$

$$L_{\mathrm{SSIM}} = 1 - \mathrm{SSIM}$$

式中：x 和 y 分别表示真值和预测值；μ 表示均值；σ 表示方差；C_1 和 C_2 是用于避免分母为零的常数。

总损失函数由 3 部分组成，即

$$L_{\mathrm{total}} = L_{\mathrm{MSE}} + L_{\mathrm{FOCAL}} + L_{\mathrm{SSIM}} \tag{5-11}$$

5.3　实验设置

5.3.1　数据集

1. VerSe 数据集

网络的训练和验证，需要大量的 X 线图像和对应的三维脊柱模型。然而，目前没有此

类可用的数据集。为了构建脊柱三维重建数据集，本章收集了脊柱分割挑战赛 VerSe2019 和 VerSe2020 两个数据集[111]。这两个数据集包含患者的脊柱 CT 数据和对应的分割掩模标签。为了得到完整胸椎（$T_1 \sim T_{12}$）和腰椎（$L_1 \sim L_5$），本章对数据进行了筛选，最后得到 96 例 CT 数据和对应分割掩模标签。本章将 CT 数据和对应分割掩模标签重采样到 1mm× 1mm×1mm。数据处理方法如图 5.5 所示。为了得到成对的脊柱 X 线图像和三维模型，本章使用数字重建放射影像（Digitally Reconstructed Radiographs，DRR）技术对 CT 数据进行投影，从而生成仿真的 X 线图像。同时，本章使用移动立方体（Marching Cubes，MC）算法将每例分割掩模标签重建出 17 个独立的椎骨三维模型。

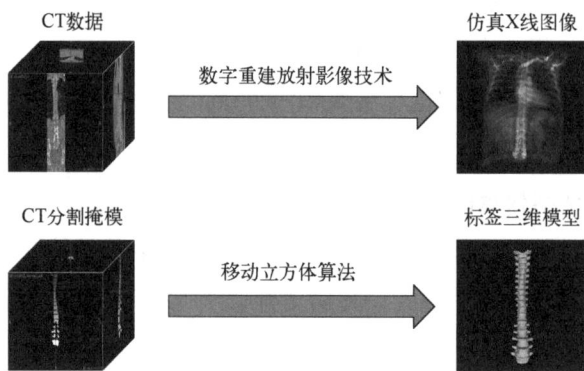

图 5.5　数据处理方法

本章将数据集按 8:1:1 的比例进行划分，得到训练集 76 例，验证集 10 例，测试集 10 例。为了防止过拟合，本章通过设置不同的投影角度（10°、20°、30°、…、350°）和对应三维模型的旋转角度（10°、20°、30°、…、350°）对数据进行增强。

2. Scoliosis 数据集

为了验证模型的泛化性能，本章收集了一批脊柱侧凸数据。该数据集包括 40 例脊柱侧凸的 CT 数据和使用 Mimics 分割的三维模型。这些数据来自云南省第一人民医院。Scoliosis 数据集的处理方法与 VerSe 数据集的相同。

5.3.2　评价指标

为了定量评估 SR-Net 的重建性能，采用体素 Dice 相似系数（Dice Similarity Coefficient，Dice），95%豪斯多夫距离（95% Hausdorff Distance，HD95）和平均表面距离（Average Surface Distance，ASD）作为评价指标。Dice 的定义为

$$\mathrm{Dice} = \frac{2\times|A\cap B|}{|A|+|B|} \tag{5-12}$$

式中：A 和 B 分别表示标签和预测结果；$|A|$ 和 $|B|$ 分别为集合 A 和集合 B 中的元素数；$\cap$ 表示交集。

设 $S(A)$ 表示 A 的表面体素集合，任何体素 v 到 $S(A)$ 的最短距离定义为

$$d(v,S(A)) = \min_{s_A\in S(A)}\|v - s_A\| \tag{5-13}$$

式中，$\|\cdot\|$ 表示欧氏距离。

HD95 的定义为

$$\mathrm{HD95}(A,B) = \max\left\{ h_{95}_{s_A\in S(A)}\left(d(s_A,S(B))\right), h_{95}_{s_B\in S(B)}\left(d(s_B,S(A))\right) \right\} \tag{5-14}$$

式中：$h_{95}()$ 为计算 95% 分位数的函数；$S(B)$ 为 B 的表面体素集合；s_A 和 s_B 分别为 $S(A)$ 和 $S(B)$ 中任意体素样本。

ASD 的定义为

$$\mathrm{ASD} = \frac{1}{|S(A)|+|S(B)|}\left(\sum_{s_A\in S(A)}d(s_A,S(B)) + \sum_{s_B\in S(B)}d(s_B,S(A))\right) \tag{5-15}$$

5.3.3　实验细节

本章采用 TensorFlow 作为网络实现框架，所有实验都是在内存为 24GB 的 NVIDIA GeForce RTX4090 上进行的。所有模型都训练 30 个轮次，批量大小设置为 12。网络训练过程中使用 Adam 作为优化器，初始学习率设置为 0.001。当验证损失连续 5 个周期没有下降时，学习率会衰减到其原始值的一半。FOCAL 损失的 α_t 和 γ 参数分别设置为 0.25 和 2。

5.4　实验结果和分析

5.4.1　对比实验

为了评估 SR-Net 的性能，本章将其与 6 种三维重建方法进行对比。Pix2Vox[110] 可以从单幅或多幅二维图像中重建三维模型。PSR[112] 从单幅投影视图重建出三维 CT 图像。BX2S-Net[93]、SP-Net[94] 和 ReVerteR[95] 从双平面 X 线图像重建三维脊柱。X23D[96] 从多

个视角图像重建三维腰椎。为了公平比较，本章实现了这些方法的单图像三维重建版本。在 BX2S-Net、ReVerteR 和 X23D 中，本章使用相同的维度增强方法实现二维到三维的转换。该方法通过复制和堆叠二维图像来获得三维信息。Pix2Vox、PSR、SP-Net 和 SR-Net 采用二维编码器和三维解码器的结构。BX2S-Net、ReVerteR 和 X23D 采用全三维编码-解码器结构。

1. 模型性能对比实验

不同模型重建性能对比结果见表 5.1。在 VerSe 和 Scoliosis 数据集上，SR-Net 的表现都要优于其他方法。在 VerSe 数据集上，表现第二好的模型是 X23D。SR-Net 的 Dice、HD95 和 ASD 指标分别比 X23D 高出 1.1%、2.65% 和 6%。在 Scoliosis 数据集上，SR-Net 的 Dice、HD95 和 ASD 分别达到 0.640、7.595 和 2.389。其中 Dice 指标较 X23D 提高了 2.4%。注意，SP-Net 在 VerSe 和 Scoliosis 数据集上的重建结果都是最差的。这表明 SP-Net 不适用于单视图像三维重建。

表 5.1　不同模型重建性能对比结果

模　　型	VerSe			Scoliosis		
	Dice	HD95/mm	ASD/mm	Dice	HD95/mm	ASD/mm
Pix2Vox[110]	0.684	5.518	1.715	0.600	8.501	2.562
PSR[112]	0.681	5.614	1.757	0.581	8.979	2.740
BX2S-Net[93]	0.693	5.344	1.701	0.595	9.546	2.848
SP-Net[94]	0.614	7.550	2.129	0.446	11.979	3.448
ReVerteR[95]	0.684	5.604	1.764	0.563	9.870	2.898
X23D[96]	0.695	5.360	1.696	0.616	8.804	2.662
SR-Net（本章方法）	0.706	5.095	1.636	0.640	7.595	2.389

2. 对比实验结果可视化

为了直观地比较不同模型的重建效果，本章将重建结果进行了可视化。本章所有可视化结果都采用了拉普拉斯平滑技术。不同模型在不同类型椎骨的重建结果可视化如图 5.6 所示。与其他方法对比，SR-Net 的重建结果在椎骨形态和结构上更接近标签。这进一步证明了 SR-Net 的优越性。

此外，脊柱重建结果可视化如图 5.7 所示。SR-Net 重建的脊柱在形状和生理曲线方面都接近标签。特别是对于脊柱侧凸病例，SR-Net 重建结果的侧弯角度与标签没有明显的差异。误差较大的地方是在棘突和横突等细小结构。这表明本章提出的方法在重建细节方面需要改进。

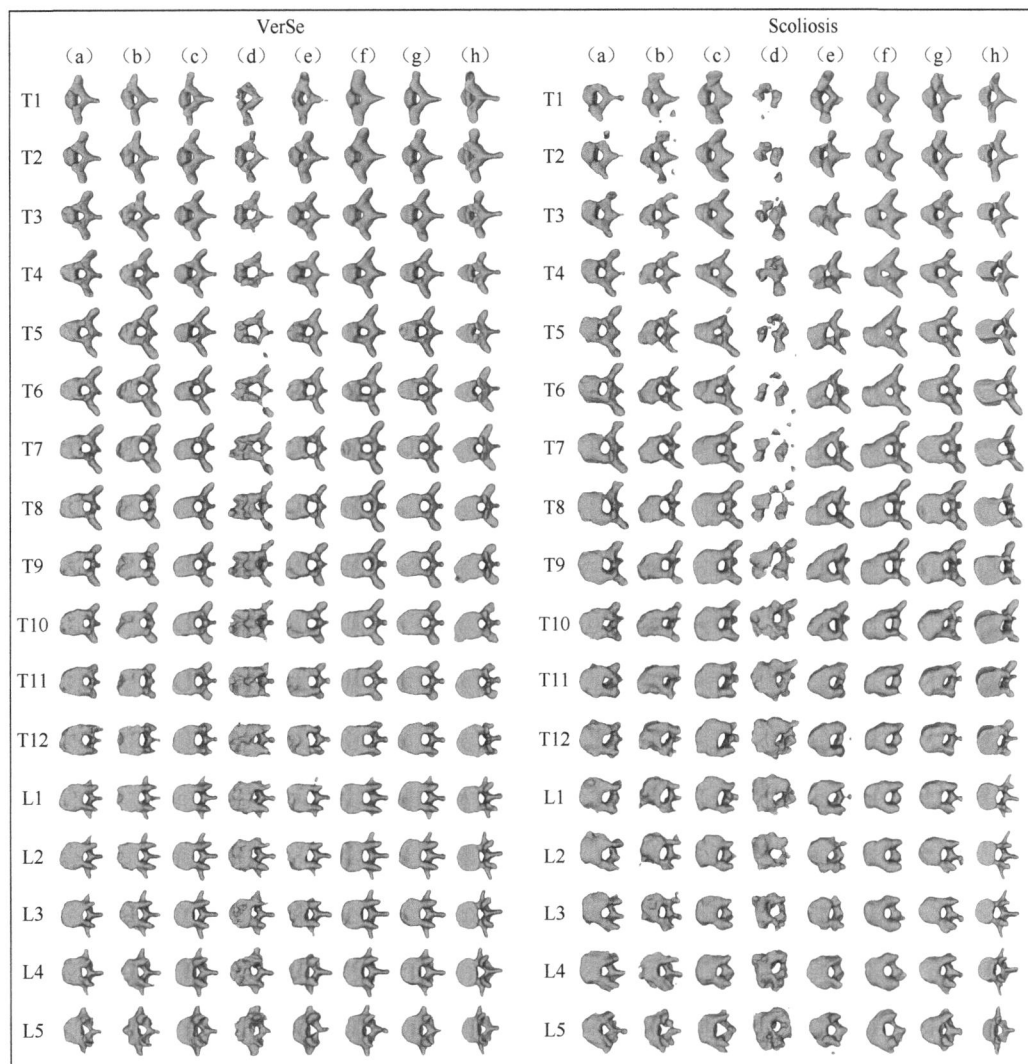

图 5.6　不同模型在不同类型椎骨的重建结果可视化 [（a）Pix2Vox；（b）PSR；
（c）BX2S-Net；（d）SP-Net；（e）ReVerteR；（f）X23D；（g）SR-Net；（h）标签]

3. 模型复杂度对比实验

本章进一步进行了模型复杂度对比实验，不同模型复杂度对比结果见表 5.2。可以看出，所有模型的参数数量都处于同一数量级。SR-Net 的参数数量为 22.125M，低于 PSR、ReVerteR 和 X23D。PSR 的参数数量最大，但它的浮点运算量（Floating-Point Operations，FLOP）是最小的。SR-Net 的 FLOP 为 37.252G，要低于 BX2S-Net 和 X23D。SR-Net 的训练时间为每步95ms，仅比Pix2Vox长。实验结果表明，SR-Net在性能提升的同时，并不会牺牲模型的效率。

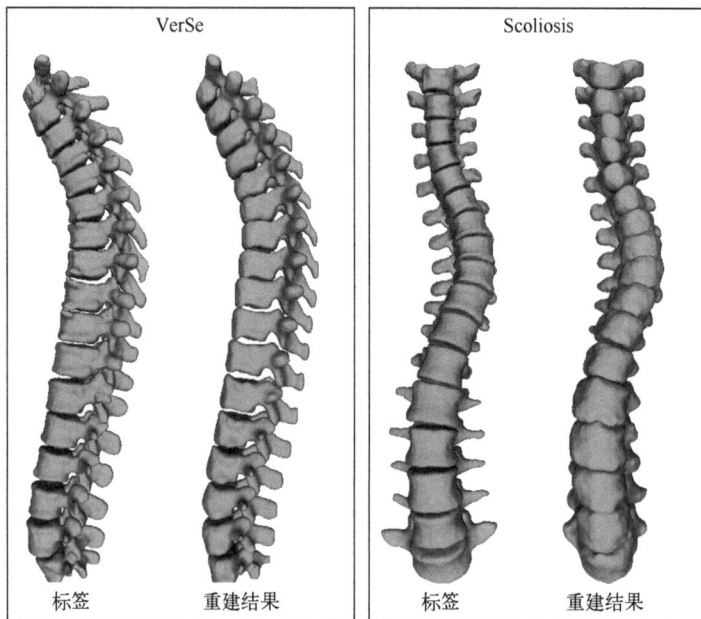

图 5.7　脊柱重建结果可视化

表 5.2　不同模型复杂度对比结果

模　　型	参数量（Mbit）	浮点运算量（G）	训练时间（ms/step）
Pix2Vox[110]	19.318	9.568	46
PSR[112]	32.902	1.0695	140
BX2S-Net[93]	22.033	94.426	190
SP-Net[94]	20.729	7.81557	561
ReVerteR[95]	29.356	32.819	106
X23D[96]	25.897	117.327	148
SR-Net（本章方法）	22.125	37.252	95

4. 不同类型椎骨重建结果分析

为了进行更详细的对比，将各种模型应用于不同类型椎骨上。不同模型在不同类型椎骨上的Dice值见表5.3。从结果可见，在VerSe和Scoliosis数据集上，SR-Net在多数类型椎骨上的表现要优于其他对比模型。这一结果进一步证明了SR-Net的优越性。

表 5.3　不同模型在不同类型椎骨上的 Dice 值

VerSe						
模型	Pix2Vox	PSR	BX2S-Net	SP-Net	ReVerteR	X23D	SR-Net
T_1	0.555	0.546	0.563	0.473	0.550	0.552	0.598
T_2	0.653	0.640	0.650	0.561	0.638	0.652	0.672
T_3	0.660	0.646	0.667	0.579	0.647	0.673	0.681
T_4	0.683	0.671	0.692	0.596	0.679	0.700	0.704
T_5	0.682	0.676	0.692	0.582	0.681	0.694	0.702
T_6	0.685	0.681	0.693	0.573	0.687	0.692	0.703
T_7	0.683	0.683	0.689	0.569	0.685	0.688	0.706
T_8	0.675	0.679	0.679	0.584	0.681	0.680	0.692
T_9	0.682	0.685	0.686	0.614	0.684	0.687	0.695
T_{10}	0.709	0.715	0.712	0.659	0.712	0.717	0.721
T_{11}	0.737	0.738	0.745	0.691	0.740	0.748	0.752
T_{12}	0.741	0.738	0.753	0.704	0.748	0.755	0.763
L_1	0.718	0.720	0.729	0.677	0.723	0.736	0.742
L_2	0.711	0.711	0.721	0.658	0.719	0.729	0.735
L_3	0.707	0.699	0.717	0.643	0.708	0.725	0.728
L_4	0.689	0.684	0.704	0.642	0.691	0.704	0.710
L_5	0.666	0.663	0.680	0.638	0.661	0.686	0.691
Scoliosis						
模型	Pix2Vox	PSR	BX2S-Net	SP-Net	ReVerteR	X23D	SR-Net
T_1	0.575	0.555	0.590	0.305	0.530	0.586	0.615
T_2	0.581	0.568	0.595	0.363	0.543	0.588	0.620
T_3	0.543	0.536	0.567	0.383	0.508	0.566	0.590
T_4	0.526	0.506	0.537	0.371	0.480	0.565	0.594
T_5	0.545	0.536	0.536	0.334	0.486	0.576	0.612
T_6	0.522	0.518	0.519	0.275	0.476	0.542	0.594
T_7	0.562	0.542	0.558	0.327	0.510	0.580	0.629
T_8	0.594	0.543	0.576	0.361	0.523	0.596	0.646
T_9	0.628	0.569	0.598	0.433	0.569	0.626	0.663
T_{10}	0.638	0.600	0.616	0.481	0.593	0.642	0.664
T_{11}	0.666	0.644	0.635	0.586	0.633	0.674	0.689
T_{12}	0.658	0.642	0.632	0.610	0.636	0.681	0.675
L_1	0.623	0.612	0.613	0.560	0.610	0.660	0.647
L_2	0.629	0.616	0.636	0.518	0.616	0.651	0.652
L_3	0.647	0.630	0.656	0.505	0.629	0.656	0.668
L_4	0.644	0.641	0.643	0.584	0.626	0.653	0.683
L_5	0.622	0.609	0.608	0.582	0.600	0.625	0.638

由于胸椎与腰椎的解剖结构差异明显，且在胸椎（$T_1 \sim T_{12}$）和腰椎（$L_1 \sim L_5$）各自内部也存在一定差异，使得 SR-Net 对不同类型椎骨的重建结果有所不同。SR-Net 在不同类型椎骨上重建结果如图 5.8 所示。对于 VerSe 数据集，T_1 和 L_5 的重建结果分别在胸椎和腰椎中是最差的。T_1 和 L_5 分别位于胸椎的首端和腰椎末端。它们的解剖结构与其他椎骨差异明显，这增加了重建的难度。此外，腰椎段从 L_1 到 L_5 的重建结果呈下降趋势。原因是 $L_1 \sim L_5$ 椎体的体积逐渐增大，与其他椎体的体积相差较大。

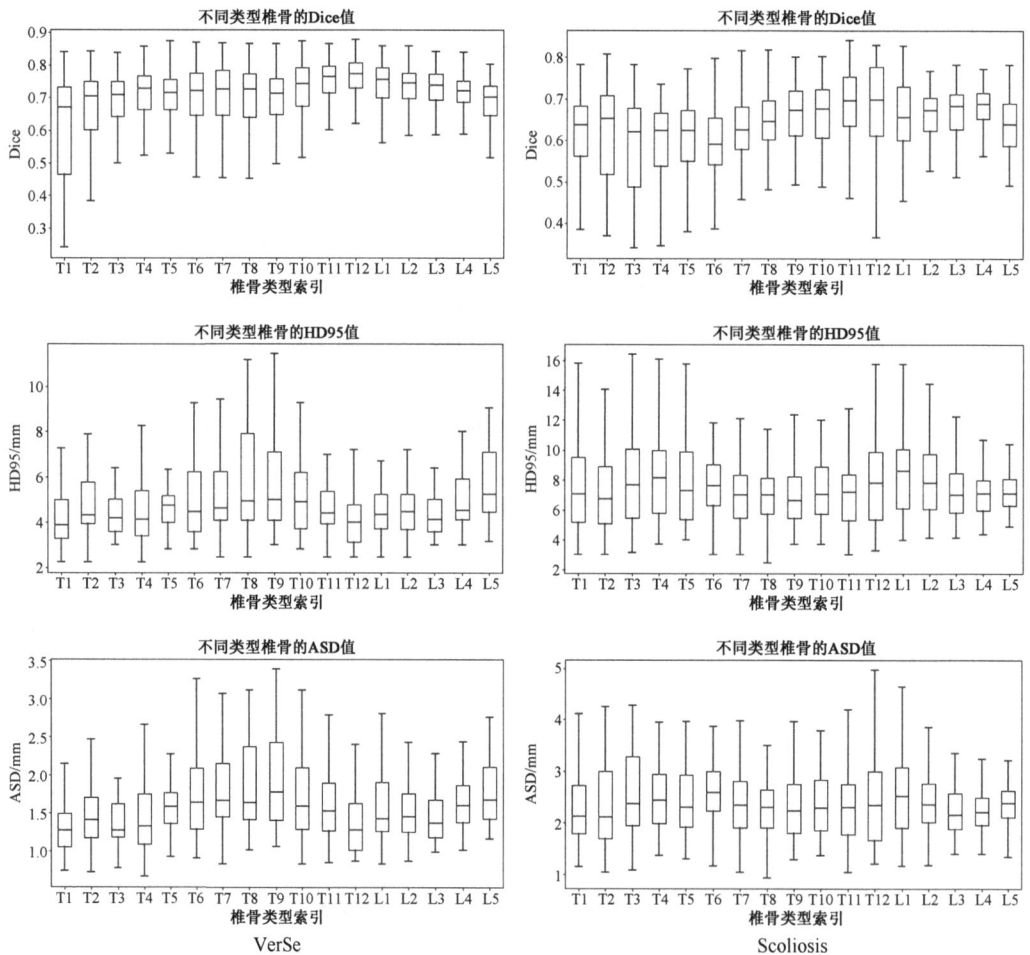

图 5.8　SR-Net 在不同类型椎骨上重建结果

对于 Scoliosis 数据集，SR-Net 对胸椎段 $T_4 \sim T_8$ 的重建结果不如其他类型的椎骨。原因可能是 $T_4 \sim T_8$ 位于胸椎中部，处于脊柱侧凸多发的部位。椎骨的变形增加了重建的难度。此外，对 L_5 的重建效果在腰椎中最差，原因是 L_5 和其他腰椎的解剖结构差异较大。

5.4.2　消融实验

1. 不同模块消融实验

为了验证所提出模块的有效性,本章在 VerSe 和 Scoliosis 数据集上进行了消融实验。不同模块消融实验结果见表 5.4。在 VerSe 和 Scoliosis 数据集上基线(Baseline)的 Dice 值分别为 0.678、0.608,HD95 值分别为 5.774、8.680,ASD 值分别为 1.785、2.638。当不同的模块分别添加到基线中时,网络性能会显著提高。WFEM 在 VerSe 和 Scoliosis 数据集上的 Dice 值分别提高了 0.7% 和 1.1%,这表明小波变换可以提高网络的特征提取能力。此外,FFM 在 VerSe 和 Scoliosis 数据集上的 Dice 值分别提高了 1.4% 和 1.2%,这表明编码器和解码器特征融合可以提高网络的性能。注意,与 WFEM 和 FFM 相比,DTM 对模型性能的提升最大,DTM 在 VerSe 和 Scoliosis 数据集上的 Dice 值分别提高了 1.6% 和 2.7%。这表明,对于采用二维编码器和三维解码器结构的网络,合理设计维度转换模块对于网络性能的提高至关重要。

表 5.4　不同模块消融实验结果

基线	WFEM	DTM	FFM	VerSe			Scoliosis		
				Dice	HD95/mm	ASD/mm	Dice	HD95/mm	ASD/mm
✓				0.678	5.774	1.785	0.608	8.680	2.638
✓	✓			0.685	5.881	1.793	0.619	8.606	2.619
✓		✓		0.694	5.185	1.689	0.635	7.636	2.402
✓			✓	0.692	5.419	1.724	0.620	8.185	2.511
✓	✓	✓		0.693	5.309	1.687	0.634	7.853	2.439
✓	✓		✓	0.695	5.296	1.693	0.636	8.336	2.449
✓		✓	✓	0.698	5.149	1.656	0.626	7.924	2.464
✓	✓	✓	✓	0.706	5.095	1.636	0.640	7.595	2.389

2. 不同损失函数消融实验

本章在 VerSe 和 Scoliosis 数据集上评估了不同损失函数对网络性能的影响。不同损失函数消融实验结果见表 5.5。MSE 作为三维重建任务中常用的损失函数,在 VerSe 和 Scoliosis 数据集上的 Dice 值分别为 0.684 和 0.623。当单独使用各损失函数时,SSIM 损失函数的网络性能明显高于 MSE 和 FOCAL。与 MSE 相比,SSIM 在 VerSe 和 Scoliosis 数据集上的 Dice 值分别提高了 0.7% 和 0.4%。这表明,对三维结构的一致性约束可以提高模型性能。

当单独使用 FOCAL 作为损失函数时，实验结果最差。然而，当 FOCAL 与 MSE 和 SSIM 结合使用时，网络性能最佳。这表明不同损失函数的组合有助于提高网络性能。

表 5.5　不同损失函数消融实验结果

MSE	FOCAL	SSIM	VerSe			Scoliosis		
			Dice	HD95/mm	ASD/mm	Dice	HD95/mm	ASD/mm
✓			0.684	5.612	1.754	0.623	8.670	2.507
	✓		0.636	6.776	1.991	0.582	10.251	2.738
		✓	0.691	5.363	1.705	0.627	7.823	2.491
✓	✓		0.675	5.783	1.768	0.627	8.839	2.472
✓		✓	0.697	5.176	1.672	0.633	7.984	2.461
	✓	✓	0.700	5.081	1.642	0.630	7.965	2.457
✓	✓	✓	0.706	5.095	1.636	0.640	7.595	2.389

5.4.3　泛化性能实验

1. 不同投影角度重建实验和结果分析

为了评估模型的鲁棒性，本章构建了训练集中没有出现的不同 X 线投影角度（5°、15°、25°、…、355°）的图像数据，不同模型对不同投影角度图像重建对比结果见表5.6。所有模型在 Dice、HD95 和 ASD 的指标上与原数据相差不大，这表明各模型对 VerSe 和 Scoliosis 数据集上的 X 线投影角度变化均具有鲁棒性。如表5.6所示，在不同投影角度的数据上，SR-Net 在所有评估指标上均优于其他模型，这表明 SR-Net 不仅可以提高重建性能，还可以保持模型的良好鲁棒性。

表 5.6　不同模型对不同投影角度图像重建对比结果

模型	VerSe			Scoliosis		
	Dice	HD95/mm	ASD/mm	Dice	HD95/mm	ASD/mm
Pix2Vox[110]	0.685	5.502	1.711	0.587	8.942	2.640
PSR[112]	0.681	5.622	1.757	0.543	10.040	3.008
BX2S-Net[93]	0.693	5.309	1.695	0.567	10.532	3.075
SP-Net[94]	0.614	7.544	2.129	0.412	12.381	3.618
ReVerteR[95]	0.685	5.576	1.758	0.531	10.638	3.141
X23D[96]	0.696	5.315	1.686	0.602	9.522	2.788
SR-Net（本章方法）	0.705	5.125	1.642	0.637	7.938	2.428

在临床中，用于诊断脊柱疾病常用 X 线成像视角包括前后（Anterior Posterior，AP）、左侧（Left Lateral，LL）、后前（Posterior Anterior，PA）和右侧（Right Lateral，RL），本章设置了 4 个不同的投影角度（0°、90°、180°、270°）分别与这 4 种成像视角一一对应。SR-Net 在 AP、PA、LL 和 RL 上的重建对比结果见表 5.7。在 VerSe 数据集上，SR-Net 对 LL 和 RL 的实验结果优于 AP 和 PA。与之相反，在 Scoliosis 数据集中，SR-Net 对 AP 和 PA 的实验结果优于 LL 和 RL。

表 5.7　SR-Net 在 AP、PA、LL 和 RL 上的重建对比结果

视　角	VerSe			Scoliosis		
	Dice	HD95/mm	ASD/mm	Dice	HD95/mm	ASD/mm
AP	0.701	5.058	1.654	0.628	7.176	2.360
PA	0.702	5.341	1.671	0.638	7.353	2.302
LL	0.707	4.934	1.613	0.624	7.384	2.455
RL	0.710	4.783	1.583	0.627	7.786	2.451

不同视角的 X 线图像如图 5.9 所示。对于 VerSe 数据集，AP 和 PA 图像中的椎骨棘突与椎体的投影重叠，这增加了识别不同特征的难度。对于 Scoliosis 数据集，由于椎骨的旋转，AP 和 PA 图像中不同结构的重叠减少，从而降低了重建的难度。同样，在 LL 和 RL 图像中，椎骨的左右横突以及上下关节突的投影出现重叠。对于 VerSe 数据集，由于椎骨的近似对称结构，网络可以通过学习其中一半的特征而相对容易地推断出整体结构。对于 Scoliosis 数据集，由于椎体变形和结构不对称，很难从 LL 和 RL 图像中预测三维结构。

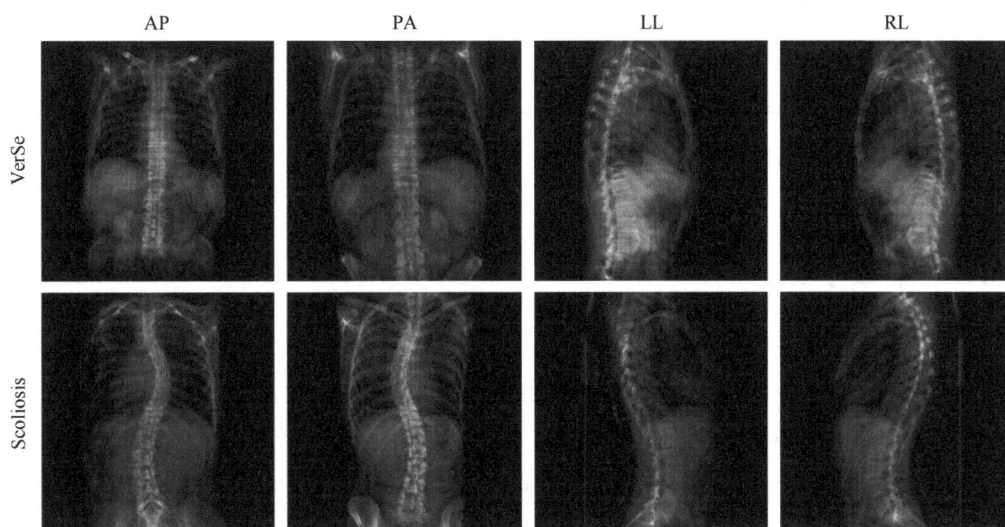

图 5.9　不同视角的 X 线图像

2. 脊柱正位相真实 X 线图像重建实验

真实 X 线图像和 DRR 生成的图像之间存在差异。为了验证本章提出的方法在临床应用中的可行性，分别对一幅正常的和脊柱侧凸 X 线图像进行脊柱三维重建。真实 X 线图像及对应的重建结果如图 5.10 所示。尽管真实 X 线图像在细节上的重建结果不如仿真 X 线图像，SR-Net 仍然重建出了椎骨的整体结构，特别是重建脊柱的侧凸形状和程度与 X 线图像中的一致，这表明 SR-Net 具有临床应用价值。

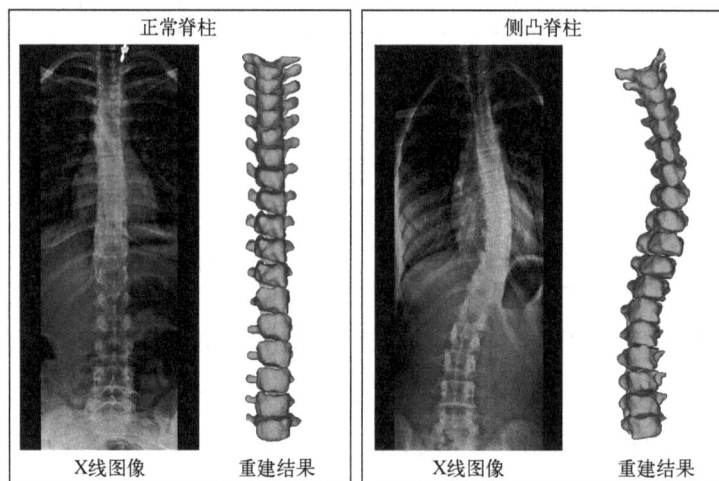

图 5.10　真实 X 线图像及对应的重建结果

3. SR-Net 的局限性和未来工作

本章所提出的 SR-Net 是一种基于体素的三维重建模型，在训练过程中需要大量的内存。重建精细度取决于体素的分辨率，分辨率越高，重建精度越高，所需的内存越多。基于网格或点云形式的三维重建是未来的研究方向之一。此外，需要在更广泛的临床数据上验证所提方法应用于临床环境的可能性。

5.5　本章小结

本章提出 SR-Net，实现从单幅 X 线图像重建三维脊柱。首先，开发了 WFEM 来解决脊柱 X 线图像中的噪声和伪影问题；其次，提出了 DTM 来解决二维编码器和三维解码器之间的特征转换问题；最后，设计了一种跳跃连接结构 FFM，将编码器提取的特征集成到解码器中。在 VerSe 和 Scoliosis 数据集上的实验结果表明，SR-Net 性能优于其他重建方法。此外，对真实 X 线图像的重建结果表明，SR-Net 具有临床应用的潜力和价值。

第 6 章

脊柱侧凸病例模型生成方法

采用机器学习方法对脊柱进行分析评估时，需要大量的训练数据。对青少年脊柱侧凸病例，短时间内难以收集到足够的训练数据。本章将基于深度学习技术，自动生成腰段脊柱侧凸病例的三维模型。这将有助于后续采用机器学习方法分析脊柱生物力学特性，获得脊柱在不同矫治力下的应力、应变或位移等生物力学特性，从而有助于治疗方案的规划设计。

6.1 医学模型生成方法研究现状

6.1.1 传统生成方法

传统腰椎三维模型生成方法主要是统计形状模型（Statistical Shape Model，SSM）。例如：文献［113］通过建立腰椎的统计形状和外观模型，研究腰椎的几何和密度变化特性；文献［114］构建了腰椎的三维统计形状模型来表征腰椎的解剖结构，从而帮助临床医生诊断病理、筛选治疗方案；文献［115］构建了腰椎统计形状模型，然后用统计形状模型生成的腰椎进行生物力学分析，以构建腰椎的全参数化有限元模型；文献［116］通过构建腰椎统计几何模型以研究腰椎大小和曲率与人群年龄、性别、身高和体重之间的关系，从而得出碰撞条件下人类特征对腰椎损伤风险的影响程度；文献［117］对笛卡儿坐标系和球坐标系构建的人类腰椎统计形状模型量化几何形状差异能力进行比较，证明了与仅笛卡儿坐标系的统计形状模型相比，采用笛卡儿-球混合坐标系的统计形状模型将更好地实现形状变化。统计形状模型的构建需要对原始数据进行降维、配准等处理，需要利用多种算法进行操作，这导致腰椎三维统计形状模型的构建过程十分复杂，耗时较长。

6.1.2 深度学习生成方法

生成网络作为神经网络的一个重要分支，因其具有强大的对数据分布的学习能力而引起广大的研究者的关注。生成网络主要通过学习原始数据分布来生成所需的新数据，现已广泛应用于文本生成、图片生成、视频生成等领域。医学中常用的生成网络主要包括变分自编码器（Variational Autoencoder，VAE）、生成对抗网络（Generative Adversarial Network，GAN），以及它们的变体。例如：文献［118］分别使用 VAE 和 GAN 网络生成血管体素化三维表面；文献［119］使用三维 GAN 结合 VAE 生成新的脑部 MRI 数据；类似地，文献［120］使用三维 SRGAN 网络生成大脑高分辨率 MRI 数据；文献［121］使用 GAN 生成大脑 PET 图像；文献［122］和［123］分别使用三维 GAN 和三维条件 GAN 网络增强了肺结节数据；文献［124］提出使用 GAN 生成高光谱皮肤癌图像；文献［125］提出了利用条件 PGGAN 生成胃炎图像。目前，在医学应用中最多的是 GAN 网络。但 GAN 网络存在训练难度大，以及梯度消失和模式崩塌的问题，不利于稳定生成医学模型。因此，本章采用 VAE 生成腰段脊柱模型。

6.2 变分自编码器

文献［126］将变分贝叶斯推断思想引入自编码器中，提出了生成网络变分自编码器（Variational Autoencoder，VAE）。VAE 在 MNIST 和 Frey Face 数据集上取得了令人满意的结果。VAE 的结构如图 6.1 所示，VAE 分为编码器、重参数化层和解码器三个部分。

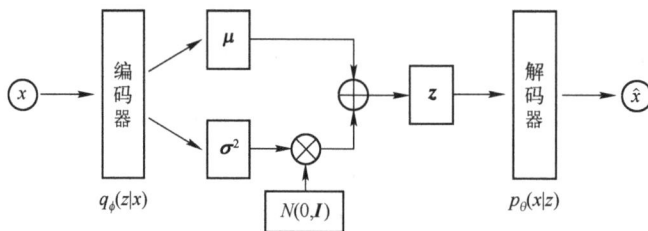

图 6.1　VAE 的结构

生成网络的基本理论是对原始数据分布进行建模，以找到真实分布 $p(x)$ 的近似分布 $p_\theta(x)$，进而对近似分布 $p_\theta(x)$ 进行采样，生成与原始数据相似的新数据。为了建模，VAE

引入了潜变量 z。样本的生成过程分为两步：首先对潜变量的先验分布 $p(z)$ 进行采样，得到潜变量值 z；然后 z 与条件概率分布 $p_\theta(x|z)$ 通过下式得到生成样本 x：

$$p_\theta(x) = \int p_\theta(x|z)p_\theta(z)\,\mathrm{d}z \tag{6-1}$$

为了使生成的样本接近真实样本，VAE 引入后验分布 $p_\theta(z|x)$，$p_\theta(z|x)$ 的贝叶斯计算公式为

$$\begin{aligned}p_\theta(z|x) &= \frac{p_\theta(x|z)p_\theta(z)}{p_\theta(x)}\\ &= \frac{p_\theta(x|z)p_\theta(z)}{\int p_\theta(x|z)p_\theta(z)\,\mathrm{d}z}\end{aligned} \tag{6-2}$$

由于参数 θ 和潜变量 z 未知，后验分布 $p_\theta(z|x)$ 无法通过直接计算得到。为此，VAE 通过变分贝叶斯推理算法引入分布 $q_\phi(z|x)$，用来近似真实后验分布 $p_\theta(z|x)$。如图 6.1 所示，VAE 中编码器和解码器的作用是分别拟合分布 $q_\phi(z|x)$ 和 $p_\theta(x|z)$。根据实际作用不同，在训练过程中，可以将 VAE 的编码器看作一个识别网络。在训练结束后，VAE 的解码器可以单独用作一个生成网络去生成所需数据。VAE 通常将真实后验分布 $p_\theta(z|x)$ 假设为正态分布，此时编码器输出的是 $q_\phi(z|x)$ 的均值和方差。

VAE 的目标是利用最大似然法对 $p_\theta(x)$ 进行估计，即最大化 $\lg p_\theta(x)$：

$$\lg p_\theta(x) = D_{\mathrm{KL}}(q_\phi(z|x)\,\|\,p_\theta(z|x)) + \mathrm{ELBO}(\theta,\phi;x) \tag{6-3}$$

式中第 1 项的结果始终为非负值，所以存在一个证据下限（Evidence Lower Bound，ELBO）。最大化 $\lg p_\theta(x)$ 的问题就转变为最大化 ELBO，ELBO 的计算公式为

$$\mathrm{ELBO}(\theta,\phi;x) = E_{q_\phi(z|x)}\big[\lg p_\theta(x|z)\big] - D_{\mathrm{KL}}(q_\phi(z|x)\,\|\,p(z)) \tag{6-4}$$

式中，$D_{\mathrm{KL}}(\cdot)$ 表示两个分布之间的 Kullback-Leibler（KL）散度。在 VAE 训练过程中，ELBO 中的第 1 项重建损失，第 2 项为 KL 损失。当 $p_\theta(x|z)$ 假设为伯努利分布时，就可选择交叉熵作为重建损失。当 $p_\theta(x|z)$ 假设为正态分布时，就可选择均方误差作为重建损失。VAE 在模型构建时，一般假设先验分布 $p(z)$ 为标准正态分布，后验分布 $p_\theta(z|x)$ 为多元正态分布，则 KL 损失计算公式为

$$\begin{aligned}D_{\mathrm{KL}}(q_\phi(z|x)\,\|\,p(z)) &= D_{\mathrm{KL}}(N(\boldsymbol{\mu},\boldsymbol{\sigma}^2)\,\|\,N(0,\boldsymbol{I}))\\ &= \frac{1}{2}\sum_{k=1}^{d_z}\big((\boldsymbol{\mu}_k)^2 + (\boldsymbol{\sigma}_k)^2 - \lg((\boldsymbol{\sigma}_k)^2) - 1\big)\end{aligned} \tag{6-5}$$

式中，d_z 表示潜变量维度。

从上述 VAE 数学理论描述中可知，VAE 需要对先验分布 $p(z)$ 进行采样，但在网络实

现过程中采样过程不能进行梯度反向传播。为了让网络正常训练，VAE 设计了重参数化过程。如图 6.1 所示，先从标准正态分布中采样得到 ε，再根据下式参数变换得到采样结果：

$$z = \mu + \sigma \odot \varepsilon \tag{6-6}$$

式中，$\odot$ 表示逐元素相乘。

为了提高 VAE 的生成能力，已有研究者进行了一系列改进。例如：文献［127］改进了 VAE 的损失函数并提出了 β-VAE，为了提高网络的解纠缠能力，他们在 VAE 的 KL 损失项中添加了一个超参数 β；文献［128］将对抗性学习思想引入 VAE 中，并提出了 Intro-VAE，解决了 VAE 生成的图像模糊问题，提高了生成图像的质量；文献［129］离散地量化了 VAE 的连续潜变量，并提出了 VQ-VAE，以使网络更好地学习离散数据分布；基于 VAE，文献［130］设计了多尺度结构，改进了批归一化（BN）层，应用了谱正则化，并提出了 NVAE。

随着计算机和成像系统的不断发展，三维视觉处理任务越来越多。与二维数据相比，三维数据在维度上具有更多的深度值，这增加了三维数据生成的难度。为了解决三维数据生成问题，文献［131］构建了体素 VAE（3D-VAE），在 ModelNet10 数据集上取得了良好的结果。本章对 3D-VAE 进行改进，以实现腰椎模型生成。

6.3 腰椎生成网络设计

6.3.1 生成网络总体结构

由于腰椎三维结构复杂，3D-VAE 难以生成腰椎模型，本章对 3D-VAE 进行改进，提出了 L-VAE。由 6.2 节可知，VAE 的编码器的主要作用是拟合后验分布，通过计算得出后验分布的均值和方差。从本质上可以将 VAE 的编码器看作多目标回归网络，且均值和方差是两个不相关的变量。传统 VAE 通过单一路径编码得到两个目标变量，这将导致网络在训练过程中不能准确地拟合均值和方差。为此，本章提出了双路径编码器（Dual Path Encoder，DPE），中心思想是将多目标回归问题转化为两个单目标回归，即通过两条编码路径分别拟合均值和方差，将编码器分为两个独立的编码网络。L-VAE 的结构如图 6.2 所示，它主要由编码器、解码器和重参数化层三个部分组成。网络的输入是大小为 64×64×64 的体素。输入数据通过编码器的两条路径，分别拟合后验分布的均值 μ 和方差 σ^2。然后，μ 和 σ^2 通过重参数化层以获得潜变量 z。最后，解码器根据潜变量 z 重建出原始数据。

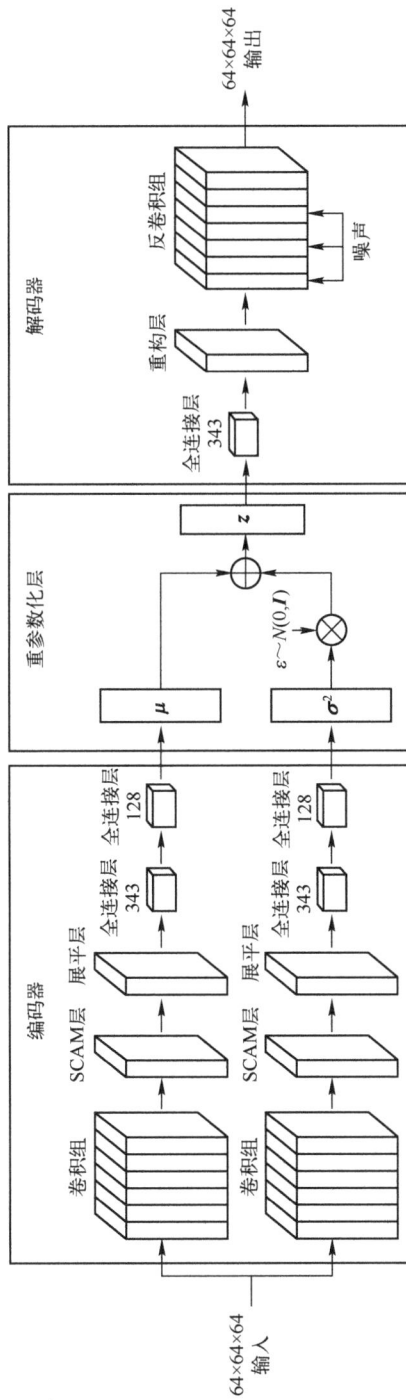

图 6.2　L–VAE 的结构

1. 编码器

如图 6.2 所示，编码器由 1 个输入和 2 个编码路径组成。这两个编码路径结构相同，分别包括 6 个卷积组、1 个空间坐标注意力模块（Spatial Coordinate Attention Module，SCAM）、1 个展平层（Flatten 层）和 2 个全连接层（Dense 层）。每个卷积组由 3 个连续操作组成，包括卷积、指数线性单元（Exponential Liner Unit，ELU）层和 BN 层。编码器卷积组的构成见表 6.1。为了减少信息丢失，编码器用跨步卷积层代替池化层进行下采样操作。64×64×64 的体素输入编码器后，分别经过 6 个卷积组进行下采样，分辨率下降为 7×7×7。再分别通过 SCAM 提取腰椎三维空间特征，然后分别经过 Flatten 层得到 343 维的张量。最后分别经过 Dense 层线性映射后得到 128 维的均值 $\boldsymbol{\mu}$ 和方差 $\boldsymbol{\sigma}^2$。

表 6.1 编码器卷积组的构成

卷积组	卷积	卷积核	步幅	滤波器	激活函数	训练策略
1			1	8		
2			2	16		
3	Conv3D	3×3×3	1	32	ELU	BN
4			2	64		
5			1	128		
6			2	256		

2. 重参数化层

由 6.2 节可知，为了正常训练网络并满足反向传播算法，VAE 在设计过程中提出了重新参数化技巧，通过重新参数化过程获得潜变量 z 的采样结果。L-VAE 的重新参数化过程为

$$z = \boldsymbol{\mu} + \boldsymbol{\varepsilon} \odot \boldsymbol{\sigma} \tag{6-7}$$

式中：$\boldsymbol{\mu}$ 和 $\boldsymbol{\sigma}$ 分别为 DPE 的两个输出；$\odot$ 表示逐元素乘积；$\boldsymbol{\varepsilon}$ 为从标准正态分布采样的变量。

3. 解码器

如图 6.2 所示，解码器包括 1 个全连接（Dense）层、1 个重构（Reshape）层和 7 个反卷积组。作为解码器的输入，潜变量 z 通过 Dense 层的线性映射后，获得 343 维的张量。然后通过 Reshape 层对张量进行形状变换，变成 7×7×7 的体素，从而满足后续反卷积组的输入大小要求。最后经过 7 个反卷积组进行上采样后，得到 64×64×64 的体素输出。解码器反卷积组的构成见表 6.2。每个反卷积组分别由 3 个连续操作组成，包括反卷积层、激

活层和 BN 层。此外，为了提高网络的鲁棒性，以随机生成多样化样本，分别将高斯噪声层（Noise Layer，NL）添加到第 1、3 和 5 反卷积组后。

表 6.2 解码器反卷积组的构成

反卷积组	卷积层	卷积核	步幅	滤波器	激活函数	训练策略	噪声层
1		3×3×3	1	256	ELU		Yes
2		3×3×3	2	128	ELU		No
3		3×3×3	1	64	ELU		Yes
4	Deconv3D	3×3×3	2	32	ELU	BN	No
5		3×3×3	1	16	ELU		Yes
6		4×4×4	2	8	ELU		No
7		3×3×3	1	1	Tanh		No

6.3.2 空间坐标注意力模块

由于注意力模块具有使用灵活和参数量小的优势，已广泛应用于分类、识别、分割和生成等各种任务中。2021 年，文献［53］将空间注意力（Spatial Attention，SA）与通道注意力融合，提出了坐标注意力机制（Coordinate Attention，CA）。CA 的实现过程：首先，通过两个一维池化操作对二维特征图进行逐行（水平方向）和逐列（垂直方向）的池化建模，分别得到不同方向上的一维位置特征向量；然后，通过先降维后升维的操作，提高两个位置特征向量在通道上的信息交互性，从而实现了将空间信息融入通道信息中，得到坐标注意力特征图；最后，将注意力特征图与输入特征图相乘，得到特征权重重新分配的特征图。

受坐标注意力机制的启发，为了使网络更好地学习腰椎的三维空间特征，本章设计了空间坐标注意力模块（Spatial Coordinate Attention Module，SCAM）。SCAM 结合了坐标注意力机制和空间注意力机制的优势，以获得三维空间中的方位感知和位置信息。SCAM 的结构如图 6.3 所示。

深度、高度和宽度分别为 D、H 和 W 的输入特征图经过大小分别为 $(1,H,W)$、$(D,1,W)$ 和 $(D,H,1)$ 的全局最大池化操作，从而获得了深度、高度和宽度方向感知特征图，然后对三个特征图分别进行卷积核大小为 $(3,1,1)$、$(1,3,1)$、$(1,1,3)$ 的三维卷积和 Sigmoid 函数激活运算，以获得深度、高度和宽度三个方向的坐标特征图。计算过程如下：

$$F_{\mathrm{d}} = f(\mathrm{Cov}_{3\times1\times1}(\mathrm{MP}_{1\times H\times W}(F)))　(6-8)$$

$$F_{\mathrm{h}} = f(\mathrm{Cov}_{1\times3\times1}(\mathrm{MP}_{D\times1\times W}(F)))　(6-9)$$

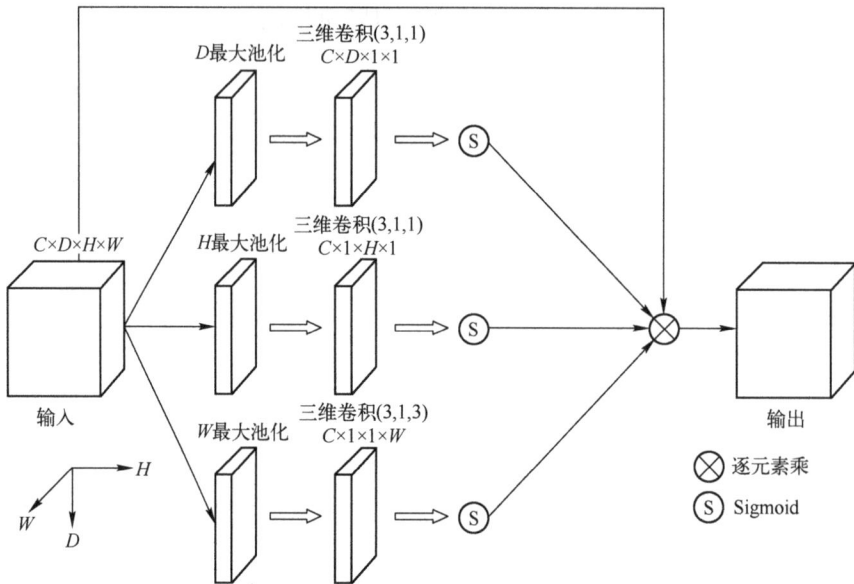

图 6.3 SCAM 的结构

$$F_w = f\left(\text{Cov}_{1\times1\times3}\left(\text{MP}_{D\times H\times1}(F)\right)\right) \tag{6-10}$$

式中：f 表示 Sigmoid 函数；Cov 表示三维卷积操作；MP 表示三维最大池化操作；F、F_d、F_h 和 F_w 分别表示输入特征图、深度方向感知特征图、高度方向感知特征图和宽度方向感知特征图。

最后，将输入特征图分别乘以 3 个空间坐标特征图以获得最后的输出 F'：

$$F' = F \otimes F_d \otimes F_h \otimes F_w \tag{6-11}$$

6.3.3 损失函数

由 6.2 节可知，VAE 的损失函数通常由编码阶段的分布损失（KL 损失）和解码阶段的重建损失两部分组成。这两个损失是对立的，为了提高网络的重建能力，需要对 KL 损失进行限制。本章将 L2 损失作为 DPE 的辅助损失添加到原始损失函数中，则损失函数由三部分构成：

$$L = L_{\text{KL}} + L_{\text{Recon}} + L_{\text{L2}} \tag{6-12}$$

式中：L_{KL} 为分布损失，它表示由编码网络学习的后验分布的概率分布和标准正态分布的 KL 散度；L_{Recon} 为重建损失，它表示解码网络的重建结果和实际结果之间的二元交叉熵；L_{L2} 为正则化损失，它表示编码网络拟合的 μ 和 σ^2 与真值之间的均方误差。这 3 项损失函数定义为

$$L_{\mathrm{KL}} = \mathrm{KL}\left(N(\boldsymbol{\mu},\boldsymbol{\sigma}^2) \| N(0,\boldsymbol{I}) \right) \tag{6-13}$$

$$L_{\mathrm{Recon}} = - \sum_{i=1}^{n} x_i \lg y_i + (1 - x_i)\lg(1 - y_i) \tag{6-14}$$

$$L_{\mathrm{L2}} = \frac{\sum_{i=1}^{n} (\boldsymbol{\mu} - 0)^2 + (\boldsymbol{\sigma}^2 - \boldsymbol{I})^2}{n} \tag{6-15}$$

式中：$\boldsymbol{\mu}$ 和 $\boldsymbol{\sigma}^2$ 分别为 DPE 的两个输出；$\mathrm{KL}(\cdot)$ 为两个分布的 KL 散度；n 为样本总数；x_i 为目标样本；y_i 为生成的样本。

6.3.4 噪声层

噪声在神经网络中的应用主要分为三类：一是作为一种数据增强的手段；医学数据经常因设备或采集方法，使采集到的数据存在或多或少的噪声，为了模拟真实数据，使网络对噪声具备一定的鲁棒性，通过对数据样本加入噪声（如高斯白噪声、均匀噪声等）对数据进行增强，如文献［132］将椒盐噪声和高斯噪声加入肺癌图片中对输入数据进行增强。二是作为网络的输入，如 GAN 中的生成器以随机噪声作为输入，生成与真实分布相近的数据。三是加入到网络中，增加网络的泛化性能，如文献［133］提出的 StyleGAN 在生成器中添加了噪声，以使生成的图片更加自然和多样。受 StyleGAN 的启发，本章在解码器中加入噪声层 NL，以提高 L-VAE 生成的多样性。与 StyleGAN 在每个网络通道上添加噪声的方式不同，L-VAE 将均值为 0、方差为 1 的高斯噪声封装成网络层，插入到解码器的两个反卷积组中间。

6.4 实验和结果分析

6.4.1 数据集和参数设置

1. 数据集

实验数据包括 43 例青少年脊柱侧凸患者的脊柱 CT 图像，由云南省第一人民医院提供。首先使用 Mimics 软件为每个病例数据重建了 5 节腰椎（$L_1 \sim L_5$）模型，并将其保存为

STL 文件，数据集示例如图 6.4 所示。实验构建了两个数据集，数据集 1 是整个腰段脊柱，共 43 段，数据集 2 是单个腰椎，共 215 个。为了防止过拟合，通过旋转操作对数据集进行了增强。数据集的统计信息见表 6.3。

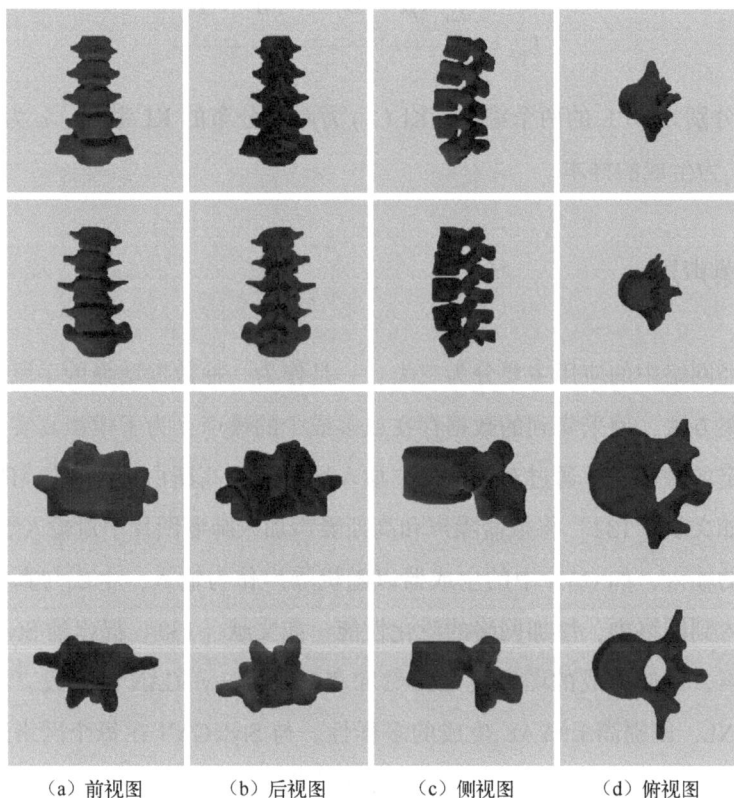

(a) 前视图　　　(b) 后视图　　　(c) 侧视图　　　(d) 俯视图

图 6.4　数据集示例

表 6.3　数据集的统计信息

数据集	病例	总数	训练集	验证集	测试集
1	43	172	112	28	32
2	43	860	608	152	100

2. 参数设置

网络训练轮次设置为 500，批量大小设置为 16，初始学习率设置为 0.01，选用 Adam 自适应优化器训练。所有网络均基于 Keras 实现，Tensorflow 作为后端，Python 作为编程语言。网络的训练、验证和测试都是在配置为 Intel i7-12700KF CPU、64GB RAM 和 NVIDIA GeForce 3090 GPU 的计算机上完成的。

6.4.2 评价指标

1. 重建指标

为了全面评估网络的重建性能，使用体素交并比（Intersection over Union，IoU）、体素 Dice 相似系数作为网络重建性能评价指标。

$$\text{IoU} = \frac{\text{TP}}{\text{TP+FP+FN}} \tag{6-16}$$

$$\text{Dice} = \frac{2\text{TP}}{\text{FP+2TP+FN}} \tag{6-17}$$

式中，TP、TN、FP 和 FN 分别表示真阳性、真阴性、假阳性和假阴性的体素集合。

此外，采用距离度量中的平均表面距离（ASD）和豪斯多夫距离（HD）作为网络重建性能评价指标。假设 $S(A)$ 表示三维模型 A 的表面体素集合，则任意体素 v 到 $S(A)$ 的最短距离定义为

$$d(v, S(A)) = \min_{s_A \in S(A)} \|v - s_A\| \tag{6-18}$$

式中，$\|\cdot\|$ 表示欧氏距离。ASD 由下式给出：

$$\text{ASD}(A,B) = \frac{1}{|S(A)|+|S(B)|}\left(\sum_{s_A \in S(A)} d(s_A, S(B)) + \sum_{s_B \in S(B)} d(s_B, S(A))\right) \tag{6-19}$$

式中：$S(B)$ 表示三维模型 B 的表面体素集合；s_A 和 s_B 分别表示 $S(A)$ 和 $S(B)$ 中任意体素样本。HD 由下式给出：

$$\text{HD}(A,B) = \max\left\{\max_{s_A \in S(A)} d(s_A, S(B)), \max_{s_B \in S(B)} d(s_B, S(A))\right\} \tag{6-20}$$

2. 生成指标

为了评估网络生成性能，使用最小匹配距离（Minimum Matching Distance，MMD）和 Jensen Shannon 散度（Jensen-Shannon Divergence，JSD）作为评估指标[134]。MMD 通过计算每个训练样本到生成样本的平均最近距离来得到：

$$\text{MMD}(S_g, S_r) = \frac{1}{|S_r|}\sum_{Y \in S_r} \min_{X \in S_g} D(X,Y) \tag{6-21}$$

式中：S_g 为生成的样本集；S_r 为训练样本集；$D(X,Y)$ 为样本 X 和 Y 的平均表面距离或豪斯多夫距离；MMD 用于生成样本的保真度；JSD 用于计算生成样本分布和训练样本分布之间的 Jensen Shannon 散度：

$$\mathrm{JSD}(P_\mathrm{g},P_\mathrm{r})=\frac{1}{2}\mathrm{KL}(P_\mathrm{r}\parallel M)+\frac{1}{2}\mathrm{KL}(P_\mathrm{g}\parallel M)$$

$$M=\frac{1}{2}(P_\mathrm{r}+P_\mathrm{g})$$

$$(6-22)$$

式中，P_g 为生成样本集的分布，P_r 为训练样本集的分布。为了计算 JSD，分别计算训练样本集和生成样本集的每个样本中值为 1 的体素的数量，从而可以得到两个分布 P_g 和 P_r。

6.4.3 腰椎重建实验

生成网络的重建能力是生成能力的基础，网络的重建性能反映了网络将腰椎结构特征压缩到低维潜变量空间的能力[135]。

1. 消融实验

为了验证包括 DPE、SCAM、L2 和 NL 在内的 4 个改进方案的有效性，分别在数据集 1 和数据集 2 上进行了一系列消融实验。数据集 1 上的消融实验结果见表 6.4，数据集 2 上的消融实验结果见表 6.5。表中分别验证了单个改进方案和多个改进方案的组合对网络性能的影响。从表 6.4 和 6.5 可以看出，单个改进方案（如 DPE、SCAM、L2 和 NL）在 4 个指标上分别优于原始 3D-VAE。同时，多种改进方案组合的实验结果也优于原始 3D-VAE。将这 4 种改进方案结合起来，得到了最好的结果。在两个数据集上，IoU、Dice、ASD 和 HD 的值分别为 0.588 和 0.684、0.739 和 0.811、0.807 和 1.189、2.615 和 3.710。实验结果证明了每种改进方案在提高网络性能方面的有效性。

表 6.4 数据集 1 上的消融实验结果

模 型		数据集 1			
编号	配置	IoU	Dice	ASD/mm	HD/mm
a	Base(3D-VAE)	0.546	0.705	1.279	4.090
b	Base+DPE	0.582	0.735	1.091	3.728
c	Base+SCAM	0.580	0.733	1.269	5.187
d	Base+L2	0.576	0.729	0.848	2.731
e	Base+NL	0.584	0.736	1.028	3.414
f	Base+DPE+SCAM	0.585	0.737	1.226	4.565
g	Base+DPE+SCAM+L2	0.580	0.732	0.819	2.679
h	Base+DPE+SCAM+L2+NL	0.588	0.739	0.807	2.615

表 6.5　数据集 2 上的消融实验结果

| 模　　型 | | 数据集 2 | | | |
编号	配置	IoU	Dice	ASD/mm	HD/mm
a	Base(3D-VAE)	0.649	0.785	1.433	4.416
b	Base+DPE	0.681	0.809	1.234	3.774
c	Base+SCAM	0.670	0.800	1.315	4.169
d	Base+L2	0.673	0.803	1.247	4.106
e	Base+NL	0.673	0.803	1.251	3.999
f	Base+DPE+SCAM	0.668	0.799	1.251	3.834
g	Base+DPE+SCAM+L2	0.683	0.810	1.176	3.713
h	Base+DPE+SCAM+L2+NL	0.684	0.811	1.189	3.710

　　为了更直观地感受每个改进方案对重建效果的改善程度，对各个方案的重建结果进行可视化。数据集 1 的消融实验结果可视化如图 6.5 所示，数据集 2 的消融实验结果可视化如图 6.6 所示。其中采用了 Marching Cubes 算法重建腰椎表面。从图 6.5 和图 6.6 可见，原始 3D-VAE 只能重建单个腰椎和整个腰段脊柱的大致轮廓，而无法重建腰椎的精细结构，如棘突和横突。随着改进模块的加入，网络重建效果不断提高。可视化实验结果展示了各个改进方案对网络重建性能的提升效果。

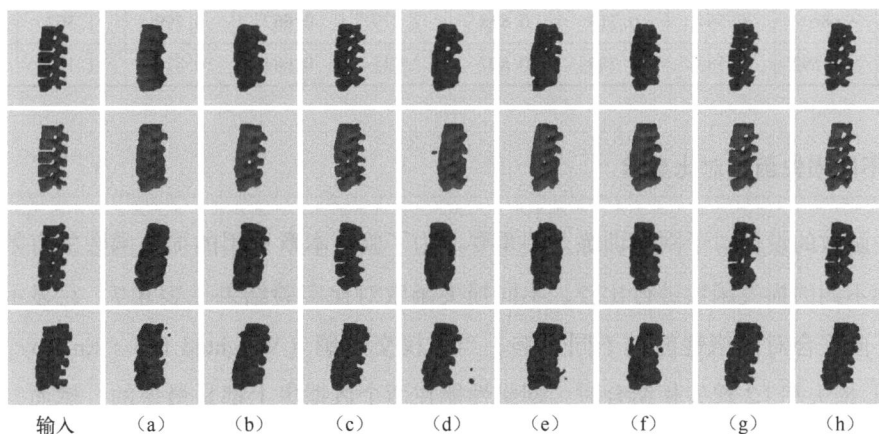

输入　（a）　（b）　（c）　（d）　（e）　（f）　（g）　（h）

图 6.5　数据集 1 的消融实验结果可视化

2. 不同注意力模块对比实验

　　本章在坐标注意力机制的基础上提出了 SCAM。为了验证 SCAM 的性能，将 SCAM 与 CA 和 SA 进行了比较，不同注意力模块对比实验结果见表 6.6。SCAM 在两个数据集的 4 项评价指标上都优于 CA 和 SA。实验结果表明，与 CA 和 SA 相比，SCAM 的加入可以使网络更加关注腰椎的空间形状特征。与其他注意力模块相比，SCAM 具有最多的参数。但是，与整个网络中数千万个参数相比，SCAM 不会过多地增加网络的计算负担。

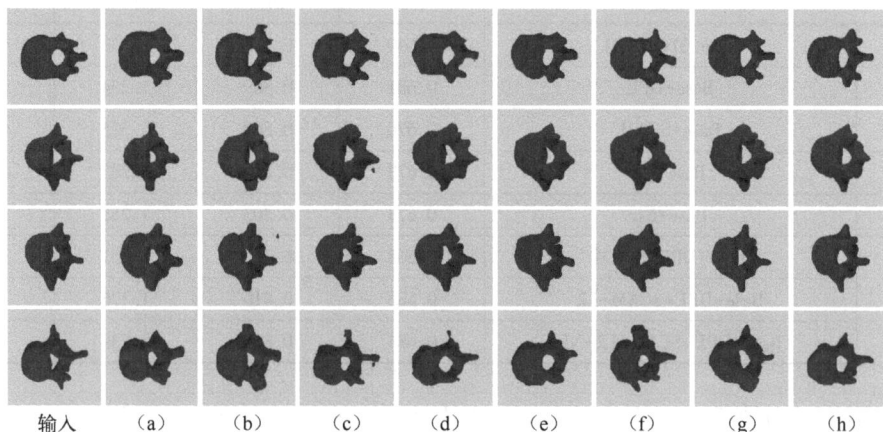

| | 输入 | （a） | （b） | （c） | （d） | （e） | （f） | （g） | （h） |

图 6.6　数据集 2 的消融实验结果可视化

表 6.6　不同注意力模块对比实验结果

注意力模块	参数量	数据集 1				数据集 2			
		IoU	Dice	ASD/mm	HD/mm	IoU	Dice	ASD/mm	HD/mm
CA	263,172	0.575	0.729	0.831	2.800	0.672	0.802	1.234	3.811
SA	686	0.564	0.719	0.858	2.879	0.667	0.799	1.307	4.027
SCAM	590,592	0.588	0.739	0.807	2.615	0.684	0.811	1.189	3.710

3. 不同损失函数对比实验

损失函数的设计对于网络训练至关重要。为了验证本章采用的损失函数的有效性，将网络使用不同的损失函数进行比较。不同损失函数对比实验结果见表 6.7。它显示了损失函数的不同组合对网络性能的不同影响。当加权交叉熵（Weighted Cross Entropy，WCE）损失、KL 损失和 L2 损失相结合时，网络性能在两个数据集上都是最差的。然而，当二元交叉熵（Binary Cross Entropy，BCE）损失、KL 损失和 L2 损失相结合时，网络性能在两个数据集上都是最好的。在数据集 1 上使用 WCE 重建损失的实验结果低于 BCE。相反，在数据集 2 上使用 BCE 损失的实验结果低于使用 WCE 的实验结果。这是因为在相同的分辨率下（64×64×64 体素），数据集 1 中的空体素（值为 0 的体素）数量少于数据集 2 中的空体素数量。WCE 增加了对假阴性的惩罚，并减少了对假阳性的惩罚。与数据集 1 相比，WCE 更适合数据集 2。根据表 6.7，在添加 L2 损失后，网络重建能力在两个数据集上都得到了提高。实验结果证明了 L2 对 KL 损失的约束作用。

表6.7　不同损失函数对比实验结果

损失函数	数据集 1				数据集 2			
	IoU	Dice	ASD/mm	HD/mm	IoU	Dice	ASD/mm	HD/mm
WCE+KL	0.577	0.731	1.327	5.037	0.683	0.811	1.199	3.626
BCE+KL	0.584	0.735	0.790	2.532	0.668	0.797	1.222	3.795
WCE+KL+L2	0.561	0.718	1.432	5.624	0.665	0.797	1.291	3.855
BCE+KL+L2	0.588	0.739	0.807	2.615	0.684	0.811	1.189	3.710

4. 噪声层在解码器中不同位置对比实验

为了验证 NL 在解码器中的位置和数量对网络性能的影响，设计了 3 组实验，NL 在解码器中不同位置对比实验结果见表6.8。表6.8 中：（1，3，5）表示将 NL 分别添加在解码器的第1、第3和第5反卷积组之后；（2，4，6）表示将 NL 分别添加在解码器的第2、第4和第6反卷积组后；（1，2，3，4，5，6）表示将 NL 分别添加在解码器的第1、第2、第3、第4、第5和第6反卷积组后。在解码器中加入适当的随机噪声，可以帮助网络生成更多样和更真实的数据，而解码器中 NL 的数量和位置对网络性能有不同的影响。选择正确的数量和位置是提高网络性能的关键。从表6.8 可以看出，在解码器的第1、第3和第5反卷积组后添加 NL 的实验结果是最好的。实验结果表明，噪声层加入网络中的数量与网络性能不是正相关的。网络中加入过多的噪声可能使网络受到更多的干扰，导致网络重建三维腰椎的难度增加。因此，本章采用在解码器的第1、第3和第5反卷积组后添加 NL，以获得最佳性能。

表6.8　NL 在解码器中不同位置对比实验结果

位置	数据集 1				数据集 2			
	IoU	Dice	ASD/mm	HD/mm	IoU	Dice	ASD/mm	HD/mm
(1,3,5)	0.588	0.739	0.807	2.615	0.684	0.811	1.189	3.710
(2,4,6)	0.579	0.731	0.846	2.827	0.663	0.796	1.300	4.113
(1,2,3,4,5,6)	0.586	0.737	0.847	2.934	0.673	0.803	1.232	4.030

5. 不同潜变量维度对比实验

潜变量是输入数据的压缩形式，其每个维度都包含腰椎的三维形态特征信息。潜变量的维度大小对于腰椎的重建至关重要。如果潜变量维度太低，潜变量空间中腰椎的形状信息将缺乏，不足以表示复杂的腰椎结构。为了验证潜变量维度对网络性能的影响，设计了 3 组实验，不同潜变量维度对比实验结果见表 6.9。由表可见，网络性能随着潜变量维度的增加而提高。与此同时，网络的参数量也在不断增加。为了平衡网络参数量和网络性能，本章选择潜变量的维度为 128 维。在保证良好性能的前提下，网络参数量不会太多。

表 6.9　不同潜变量维度对比实验结果

维度	参数量	数据集 1				数据集 2			
		IoU	Dice	ASD/mm	HD/mm	IoU	Dice	ASD/mm	HD/mm
64	65,040,574	0.558	0.713	0.912	3.129	0.627	0.767	1.435	4.689
128	65,107,070	0.588	0.739	0.807	2.615	0.684	0.811	1.189	3.710
256	65,240,062	0.588	0.738	0.791	2.516	0.687	0.813	1.145	3.609

6.4.4　腰椎生成实验

1. 不同方法随机生成腰椎实验对比

VAE 作为生成网络的关键在于其解码器具有生成能力。在本章训练好 L-VAE 后，使用解码器作为生成器可以生成不同于训练集的腰椎三维模型。实验中从标准正态分布随机采样 128 个值作为潜变量的每个维度的值，并形成与潜变量相同维度的张量。然后将张量用作解码器的输入，通过解码器生成腰椎三维模型，解码器生成腰椎过程如图 6.7 所示。为了测试 L-VAE 的生成能力，将 L-VAE 生成的腰椎与原始 3D-VAE[131]、3D-GAN[136] 和 3D-WGAN[137] 网络生成的腰椎进行了比较。此外，实验还构建了腰段脊柱和单个腰椎的统计形状模型（SSM），与 L-VAE 生成模型进行对比。将每个网络随机生成的 100 个样本用于对比实验。不同方法生成能力对比实验结果见表 6.10。MMD 和 JSD 用于评估生成结果的保真度和多样性。由表 6.10 可知，与其他方法相比，L-VAE 在两个数据集的 MMD 和 JSD 上表现更好。

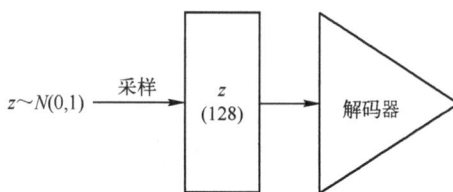

图 6.7　解码器生成腰椎过程

表 6.10　不同方法生成能力对比实验结果

方法	数据集 1			数据集 2		
	MMD-ASD/mm	MMD-HD/mm	JSD	MMD-ASD/mm	MMD-HD/mm	JSD
SSM	1.032	3.561	0.00735	0.968	3.046	0.00856
3D-VAE[131]	0.868	3.103	0.00408	0.912	2.709	0.01123
3D-GAN[136]	0.764	2.480	0.01078	1.063	3.281	0.01200
3D-WGAN[137]	8.297	26.674	0.00722	4.595	19.653	0.01008
L-VAE	0.501	1.942	0.00460	0.869	2.840	0.00895

不同方法随机生成腰段脊柱对比结果可视化如图 6.8 所示，不同方法随机生成单个腰椎对比结果可视化如图 6.9 所示。与其他方法相比，L-VAE 能够生成更完整的腰椎结构和更平滑的边缘。3D-VAE 生成的单个腰椎明显优于整段腰段脊柱。3D-GAN 的生成效果类似于 3D-VAE。然而，3D-GAN 生成的结果中存在大量噪声。3D-WGAN 生成的结果要优于 3D-GAN。然而，从表 6.10 可以看出，在两个数据集中，3D-WGAN 的 MMD 要大于其他方法的 MMD。这表明 3D-WGAN 生成的腰椎形状和结构与训练集的形状和结构非常不同。与其他方法相比，L-VAE 产生了最好的结果。它不仅可以生成腰椎的整体结构，还可以生成更多细节。然而，L-VAE 生成的效果没有明显优于 SSM，并且对于腰椎的棘突和横突等特征，L-VAE 生成的效果仍然缺乏。通过增加训练数据或增加输入数据的分辨率，可以使得 L-VAE 学习到更多的腰椎特征，将提高腰椎生成的效果。

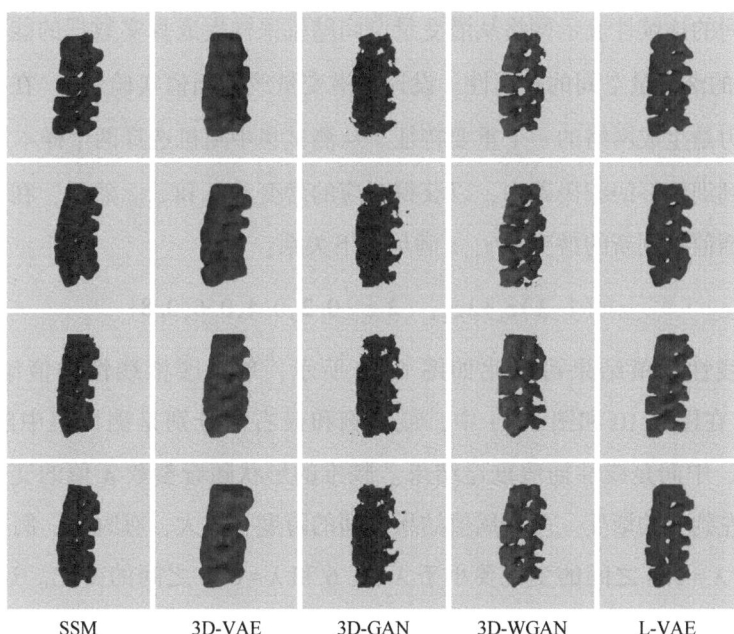

SSM　　3D-VAE　　3D-GAN　　3D-WGAN　　L-VAE

图 6.8　不同方法随机生成腰段脊柱对比结果可视化

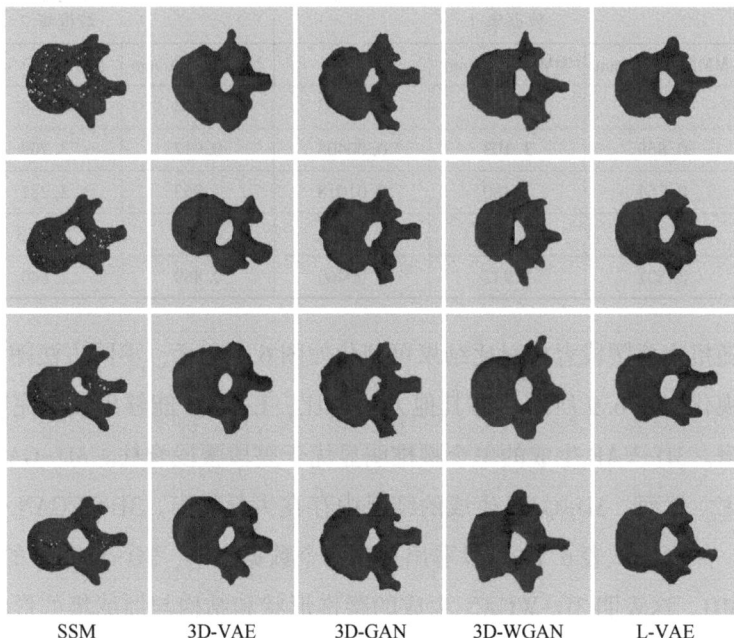

SSM   3D-VAE   3D-GAN   3D-WGAN   L-VAE

图 6.9　不同方法随机生成单个腰椎对比结果可视化

2. 潜变量线性插值实验

潜变量空间的连续性表示网络从潜变量空间随机采样生成真实数据的能力。为了验证 L-VAE 学习到的潜变量空间的连续性，设计了潜变量线性插值实验[138]。在潜变量空间中平滑插值的能力是生成网络的一个重要特征。从测试集中随机选择两个样本 x_1 和 x_2，并将它们分别输入到训练好的编码器中，以获得对应的潜变量 z_1 和 z_2。然后，在 z_1 和 z_2 之间进行等距离线性插值得到新的潜变量 z，z 满足以下关系：

$$z = (1-\lambda)z_1 + \lambda z_2, \quad \lambda \in \{0.2, 0.4, 0.6, 0.8\} \tag{6-23}$$

腰段脊柱线性插值结果可视化如图 6.10 所示，单个腰椎线性插值结果可视化如图 6.11 所示。在图 6.10 和图 6.11 中，最左侧和最右侧分别是测试集中随机选择的样本的重建结果，中间是线性插值重建结果。腰椎的形状随着参数 λ 值的变化而变化，图像中有一个从左到右的渐变。两个插值结果之间的跨度有时大，有时小。例如，在图 6.10 中，$\lambda = 0.2$ 和 $\lambda = 0.4$ 之间的变化要小于 $\lambda = 0.6$ 和 $\lambda = 0.8$ 之间的变化。这表明 L-VAE 在数据集 1 上的潜变量空间中的插值平滑度不足。在图 6.11 中，可以看到插值结果从左到右的一系列连续的小变化。例如，第一个示例中不同插值结果的棘突展示出了从长到短以及从粗到细的过程。实验结果证明了 L-VAE 能够在数据集 2 的潜变量空间中平滑插值。

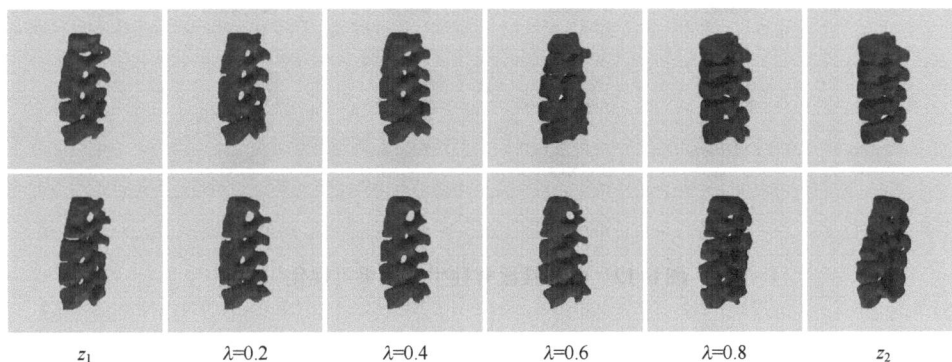

图 6.10　腰段脊柱线性插值结果可视化

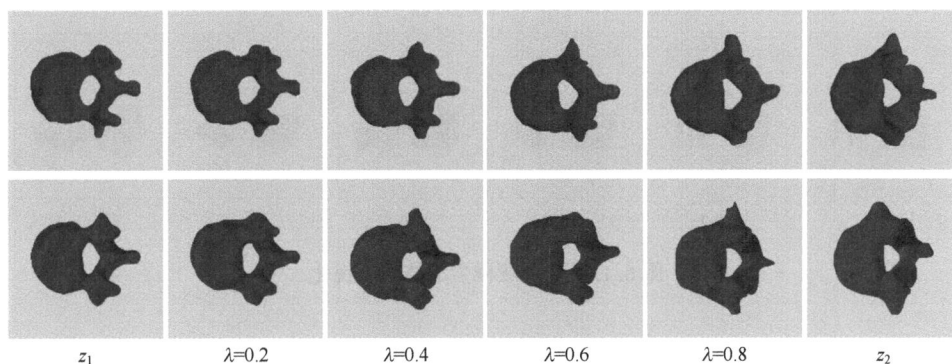

图 6.11　单个腰椎线性插值结果可视化

3. 侧弯腰段脊柱和变形腰椎生成实验

较严重的脊柱侧凸常常伴有椎骨形状不规则变化。为了验证 L-VAE 对畸形脊柱或脊椎的生成效果，分别将 L-VAE 用于生成侧弯腰段脊柱的三维模型和变形腰椎的三维模型。在实验过程中，首先挑选出侧弯腰段脊柱或变形腰椎的样本，将其输入到训练好的编码器中，以获得相应的潜变量 z。然后，从均值为 0、标准差为 δ 的正态分布中采样 128 个值，以形成与 z 相同维度的 N_z。最后，将 $z+N_z$ 输入到训练好的解码器中，以生成新的样本。侧弯腰段脊柱生成结果可视化如图 6.12 所示，变形腰椎生成结果可视化如图 6.13 所示，分别展示了在不同标准差 δ 下 L-VAE 生成的侧弯腰段脊柱和变形腰椎的两个示例。

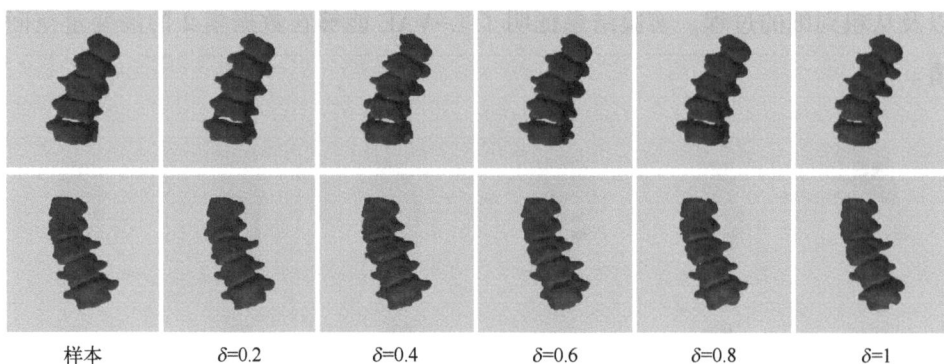

| 样本 | δ=0.2 | δ=0.4 | δ=0.6 | δ=0.8 | δ=1 |

图 6.12　侧弯腰段脊柱生成结果可视化

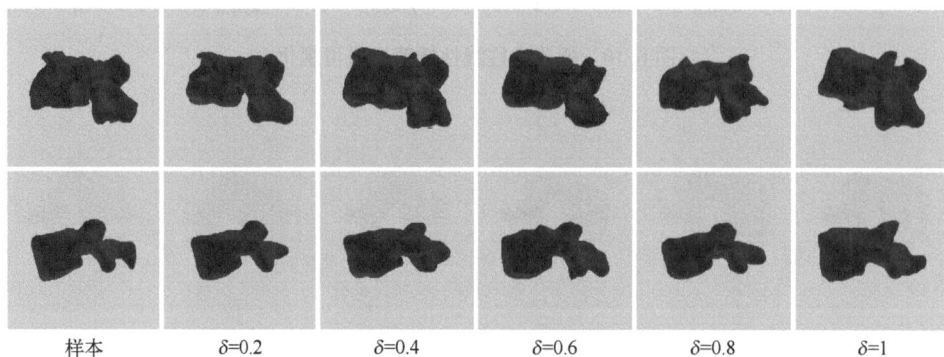

| 样本 | δ=0.2 | δ=0.4 | δ=0.6 | δ=0.8 | δ=1 |

图 6.13　变形腰椎生成结果可视化

如图 6.12 和图 6.13 所示，腰椎的形状随着 δ 值的变化而变化。δ 值越大，生成的腰椎与原始腰椎之间的差异越大。这一结果进一步验证了 L-VAE 学习到的潜变量空间具有连续性。当需要特定形状的三维腰椎模型时，首先找到符合要求的腰椎。然后，将适当大小的高斯噪声添加到该腰椎的潜变量中，以生成具有相似形状的新的腰椎模型。

6.5　本章小结

本章提出了 L-VAE 网络，实现了侧弯腰椎三维模型生成。L-VAE 在 3D-VAE 的基础上采取了一系列的改进措施：一是采用 DPE 结构来提高对均值 μ 和方差 σ^2 拟合的精度；二是设计 SCAM，通过增加 SCAM 提高了网络学习三维空间结构特征的能力；三是损失函数中增加了 L2 损失，提高了网络重建能力；四是通过引入 NL 提高了网络生成数据的多样性和真实性。本章分别从重建实验和生成实验上验证了 L-VAE 的重建性能和生成性能。腰椎重建的实验结果表明，L-VAE 在两个数据集上的 4 项评价指标中取得了良好的结果。腰椎生成的实验结果表明，与其他生成方法相比，L-VAE 生成的腰椎三维形状数据效果最佳，最接近真实数据。潜变量插值实验的结果进一步证明了 L-VAE 随机生成腰椎的能力。此外，侧弯腰段脊柱和变形腰椎生成的结果表明，L-VAE 可以根据需要虚拟生成脊柱侧凸模型，以用于后续生物力学性能评估。

参 考 文 献

[1] 张宏，丹尼尔·苏卡托，本杰明·斯蒂芬斯，等. 青少年特发性脊柱侧凸手术计划方略 [J]. 中国医刊，2015，03（v. 50）：52-52. DOI：CNKI：SUN：ZGYI. 0. 2015-03-017.

[2] Mohamed M, Trivedi J, Davidson N, et al. Adolescent idiopathic scoliosis：a review of current concepts [J]. Paediatrics and Child Health, 2022, 32 (4)：119-126. DOI：10. 1016/j. paed. 2022. 01. 002.

[3] 陈文俊，邱勇，朱锋，等. 脊柱侧凸术前病例讨论对手术方案制定的影响分析 [J]. 中国矫形外科杂志，2009，17（7）：4. DOI：CNKI：SUN：ZJXS. 0. 2009-07-010.

[4] 曾更生. 医学图像重建 [M]. 北京：高等教育出版社，2010.

[5] Cobb J R. Outline for the Study of Scoliosis [J]. Instructional course lectures, 1947, 5.

[6] Vrtovec T, Pernu F, Likar B. A review of methods for quantitative evaluation of spinal curvature [J]. European Spine Journal, 2009, 18 (5)：593-607. DOI：10. 1007/s00586-009-0913-0.

[7] Morrison D G, Chan A, Hill D, et al. Correlation between Cobb angle, spinous process angle (SPA) and apical vertebrae rotation (AVR) on posteroanterior radiographs in adolescent idiopathic scoliosis (AIS) [J]. European spine journal, 2015, 24 (2)：306-312. DOI：10. 1007/s00586-014-3684-1.

[8] Lam G C, Hill D L, Le L H, et al. Vertebral rotation measurement：a summary and comparison of common radiographic and CT methods [J]. Scoliosis, 2008, 3 (1)：1-10. DOI：10. 1186/1748-7161-3-16.

[9] Nash C L, Moe J H. A study of vertebral rotation [J]. Journal of Bone & Joint Surgery-american Volume, 1969, 51 (2)：223-229. DOI：10. 2106/00004623-196951020-00002.

[10] Drerup B. Principles of measurement of vertebral rotation from frontal projections of the pedicles [J]. Journal of Biomechanics, 1984, 17 (12)：923-935. DOI：10. 1016/0021-9290 (84) 90005-8.

[11] Stokes I A F, Bigalow L C, Moreland M S. Measurement of Axial Rotation of Vertebrae in Scoliosis [J]. Spine, 1986, 11 (3)：213-218. DOI：10. 1097/00007632-198604000-00006.

[12] Lecun Y A, Bengio Y O. Convolutional Networks for Images, Speech, and Time-Series [J]. MIT Press, 1998. DOI:doi:http://dx. doi. org/.

[13] Ronneberger O, Fischer P, Brox T. U-Net: Convolutional Networks for Biomedical Image Segmentation [C]//International Conference on Medical Image Computing and Computer-Assisted Intervention. Springer International Publishing, 2015: 234-241. DOI:10. 1007/ 978-3-319-24574-4_28.

[14] Zhang J, Lou E, Le L H, et al. Automatic Cobb Measurement of Scoliosis Based on Fuzzy Hough Transform with Vertebral Shape Prior [J]. Journal of Digital Imaging, 2009, 22 (5): 463-472. DOI: 10. 1007/s10278-008-9127-y.

[15] Kundu R, Chakrabarti A, Lenka P K. Cobb angle measurement of scoliosis with reduced variability [J]. arxiv preprint arxiv: 1211. 5355, 2012. DOI: 10. 13140/2. 1. 4009. 3768.

[16] Sardjono T A, Wilkinson M H F, Veldhuizen A G, et al. Automatic Cobb Angle Determination From Radiographic Images [J]. Spine, 2013, 38 (20): E1256-E1262. DOI: 10. 1097/BRS. 0b013e3182a0c7c3.

[17] Anitha H, Karunakar A K, Dinesh K V N. Automatic extraction of vertebral endplates from scoliotic radiographs using customized filter [J]. Biomedical Engineering Letters, 2014, 4 (2): 158-165. DOI: 10. 1007/s13534-014-0129-z.

[18] Mukherjee J, Kundu R, Chakrabarti A. Variability of Cobb angle measurement from digital X-ray image based on different de-noising techniques [J]. International Journal of Biomedical Engineering and Technology, 2014, 16 (2): 113-134. DOI: 10. 1504/IJBET. 2014. 065656.

[19] Wu H, Bailey C, Rasoulinejad P, et al. Automatic landmark estimation for adolescent idiopathic scoliosis assessment using BoostNet [C]//Medical Image Computing and Computer Assisted Intervention-MICCAI 2017: 20th International Conference, Quebec City, QC, Canada, September 11-13, 2017, Proceedings, Part I 20. Springer International Publishing, 2017: 127-135. DOI:10. 1007/978-3-319-66182-7_15.

[20] Wu H, Bailey C, Rasoulinejad P, et al. Automated Comprehensive Adolescent Idiopathic Scoliosis Assessment using MVC-Net [J]. Medical Image Analysis, 2018, 48: 1-11. DOI: 10. 1016/j. media. 2018. 05. 005.

[21] Wang L, Xu Q, Leung S, et al. Accurate automated Cobb angles estimation using multi-view extrapolation net [J]. Medical Image Analysis, 2019, 58: 101542. DOI: 10. 1016/ j. media. 2019. 101542.

［22］ Zhang K，Xu N，Guo C，et al. MPF－net：An effective framework for automated cobb angle estimation ［J］. Medical Image Analysis，2022，75：102277. DOI：10. 1016/ j. media. 2021. 102277.

［23］ Zou L，Guo L，Zhang R，et al. VLTENet：A Deep－Learning－Based Vertebra Localization and Tilt Estimation Network for Automatic Cobb Angle Estimation ［J］. Journal on Biomedical and Health Informatics （J－BHI），2023，27 （6）：3002－3013. DOI：10. 1109/ JBHI. 2023. 3258361.

［24］ Long J，Shelhamer E，Darrell T. Fully convolutional networks for semantic segmentation ［C］//2015 IEEE Conference on Computer Vision and Pattern Recognition （CVPR）. IEEE Computer Society，2015：3431－3440. DOI：10. 1109/CVPR. 2015. 7298965.

［25］ Zhou Z，Siddiquee M M R，Tajbakhsh N，et al. UNet++：Redesigning Skip Connections to Exploit Multiscale Features in Image Segmentation ［J］. IEEE Transactions on Medical Imaging，2020，39 （6）：1856－1867. DOI：10. 1109/TMI. 2019. 2959609.

［26］ Qin X，Zhang Z，Huang C，et al. U2－Net：Going deeper with nested U－structure for salient object detection ［J］. Pattern Recognition，2020，106：107404. DOI：10. 1016/ j. patcog. 2020. 107404.

［27］ Tan Z，Yang K，Sun Y，et al. An Automatic Scoliosis Diagnosis and Measurement System Based on Deep Learning ［C］//2018 IEEE International Conference on Robotics and Biomimetics （ROBIO）. IEEE，2018：439－443. DOI：10. 1109/ROBIO. 2018. 8665296.

［28］ Horng M H，Kuok C P，Fu M J，et al. Cobb Angle Measurement of Spine from X－Ray Images Using Convolutional Neural Network ［J］. Computational and Mathematical Methods in Medicine，2019，2019 （1）：6357171. DOI：10. 1155/2019/6357171.

［29］ Fu X，Yang G，Zhang K，et al. An automated estimator for Cobb angle measurement using multi－task networks ［J］. Neural Computing and Applications，2021，33：4755－4761. DOI：10. 1007/s00521－020－05533－y.

［30］ Rahmaniar W，Suzuki K，Lin T L. Auto－ca：automated cobb angle measurement based on vertebrae detection for assessment of spinal curvature deformity ［J］. IEEE Transactions on Biomedical Engineering，2023，71 （2）：640－649. DOI：10. 1109/TBME. 2023. 3313126.

［31］ Pan Y，Chen Q，Chen T，et al. Evaluation of a computer－aided method for measuring the Cobb angle on chest X－rays ［J］. European spine journal，2019，28 （12）：3035－3043. DOI：10. 1007/s00586－019－06115－w.

［32］ Wang L，Xie C，Lin Y，et al. Evaluation and Comparison of Accurate Automated Spinal

Curvature Estimation Algorithms with Spinal Anterior - posterior X - Ray Images: The AASCE2019 Challenge [J]. Medical Image Analysis, 2021, 72: 102115. DOI: 10. 1016/ j. media. 2021. 102115.

[33] Szegedy C, Ioffe S, Vanhoucke V, et al. Inception-v4, inception-resnet and the impact of residual connections on learning [C]//Proceedings of the AAAI conference on artificial intelligence. 2017, 31 (1). DOI: 10. 1609/aaai. v31i1. 11231.

[34] Woo S, Park J, Lee J Y, et al. Cbam: Convolutional block attention module [C]//Proceedings of the European conference on computer vision (ECCV). 2018: 3 - 19. DOI: 10. 1007/978-3-030-01234-2_1.

[35] He K, Zhang X, Ren S, et al. Deep residual learning for image recognition [C]//Proceedings of the IEEE conference on computer vision and pattern recognition. 2016: 770-778. DOI: 10. 1109/CVPR. 2016. 90.

[36] Chen L C, Zhu Y, Papandreou G, et al. Encoder-decoder with atrous separable convolution for semantic image segmentation [C]//Proceedings of the European conference on computer vision (ECCV). 2018: 801-818. DOI:10. 1007/978-3-030-01234-2_49.

[37] Badrinarayanan V, Kendall A, Cipolla R. SegNet: A Deep Convolutional Encoder-Decoder Architecture for Image Segmentation [J]. IEEE Transactions on Pattern Analysis & Machine Intelligence, 2017, 39 (12): 2481 - 2495. DOI: 10. 1109/TPAMI. 2016. 2644615.

[38] Qin X, Zhang Z, Huang C, et al. Basnet: Boundary-aware salient object detection [C]// Proceedings of the IEEE/CVF conference on computer vision and pattern recognition. 2019: 7479-7489. DOI:10. 1109/CVPR. 2019. 00766.

[39] Haughton V M, Rogers B, Meyerand M E, et al. Measuring the axial rotation of lumbar vertebrae in vivo with MR imaging [J]. American Journal of Neuroradiology, 2002, 23 (7): 1110-1116. DOI:10. 1016/S1076-6332(03)80210-6.

[40] Adam C J, Askin G N. Automatic measurement of vertebral rotation in idiopathic scoliosis [J]. Spine, 2006, 31 (3): E80-E83. DOI:10. 1097/01. brs. 0000197653. 64796. 9d.

[41] Kouwenhoven J W M, Vincken K L, Bartels L W, et al. Analysis of preexistent vertebral rotation in the normal spine [J]. Spine, 2006, 31 (13): 1467-1472. DOI:10. 1097/ 01. brs. 0000219938. 14686. b3.

[42] Forsberg D, Lundström C, Andersson M, et al. Fully automatic measurements of axial vertebral rotation for assessment of spinal deformity in idiopathic scoliosis [J]. Physics in

Medicine & Biology, 2013, 58（6）：1775. DOI：10. 1088/0031-9155/58/6/1775.

[43] Ebrahimi S, Gajny L, Vergari C, et al. Vertebral rotation estimation from frontal X-rays using a quasi-automated pedicle detection method［J］. European Spine Journal, 2019, 28：3026-3034. DOI：10. 1007/s00586-019-06158-z.

[44] Zhang J, Lou E, Le L H, et al. Automatic Cobb Measurement of Scoliosis Based on Fuzzy Hough Transform with Vertebral Shape Prior［J］. Journal of Digital Imaging, 2009, 22（5）：463-472. DOI：10. 1007/s10278-008-9127-y.

[45] Pinheiro A P, Tanure M C, Oliveira A S. Validity and reliability of a computer method to estimate vertebral axial rotation from digital radiographs［J］. European Spine Journal, 2010, 19（3）：415-420. DOI：10. 1007/s00586-009-1186-3.

[46] Bakhous C, Aubert B, Vazquez C, et al. Automatic pedicles detection using convolutional neural network in a 3D spine reconstruction from biplanar radiographs［C］//Medical Imaging 2018：Computer-Aided Diagnosis. SPIE, 2018, 10575：143-151. DOI：10. 1117/12. 2293763.

[47] Logithasan V, Wong J, Reformat M, et al. Using machine learning to automatically measure axial vertebral rotation on radiographs in adolescents with idiopathic scoliosis［J］. Medical Engineering & Physics, 2022, 107：103848. DOI：10. 1016/j. medengphy. 2022. 103848.

[48] Wang J, Sun K, Cheng T, et al. Deep high-resolution representation learning for visual recognition［J］. IEEE transactions on pattern analysis and machine intelligence, 2020, 43（10）：3349-3364. DOI：10. 1109/TPAMI. 2020. 2983686.

[49] Liu R, Lehman J, Molino P, et al. An intriguing failing of convolutional neural networks and the CoordConv solution［C］//Proceedings of the 32nd International Conference on Neural Information Processing Systems. 2018：9628-9639. DOI：10. 5555/3327546. 3327630.

[50] Liu H, Fan X, Liu F, et al. Polarized self-attention：Towards high-quality pixel-wise mapping［J］. Neurocomputing, 2022, 506：158-167. DOI：10. 1016/j. neucom. 2022. 07. 054.

[51] Zhang F, Zhu X, Dai H, et al. Distribution-Aware Coordinate Representation for Human Pose Estimation［C］//2020 IEEE/CVF Conference on Computer Vision and Pattern Recognition（CVPR）. IEEE, 2020：7093-7102. DOI：10. 1109/CVPR42600. 2020. 00712.

[52] Wang Q, Wu B, Zhu P, et al. ECA-Net：Efficient Channel Attention for Deep Convolutional Neural Networks［C］//2020 IEEE/CVF Conference on Computer Vision and

Pattern Recognition (CVPR). IEEE, 2020: 11534-11542. DOI: 10. 1109/CVPR42600. 2020. 01155.

[53] Hou Q, Zhou D, Feng J. Coordinate Attention for Efficient Mobile Network Design [C]// 2021 IEEE/CVF Conference on Computer Vision and Pattern Recognition (CVPR). IEEE Computer Society, 2021: 13708-13717. DOI: 10. 1109/CVPR46437. 2021. 01350.

[54] Satoh M. Bone age: assessment methods and clinical applications [J]. Clinical Pediatric Endocrinology, 2015, 24 (4): 143-152. DOI: 10. 1297/cpe. 24. 143.

[55] Morris L L. Assessment of Skeletal Maturity and Prediction of Adult Height (TW2 Method) [J]. American Journal of Human Biology, 1976, 14 (6): 788-789. DOI: 10. 1002/ajhb. 10098.

[56] Garn S M. Radiographic atlas of skeletal development of the hand and wrist [J]. American journalof human genetics, 1959, 11 (3): 282.

[57] Thodberg H H, Kreiborg S, Juul A, et al. TheBoneXpert Method for Automated Determination of Skeletal Maturity [J]. IEEE Transactions on Medical Imaging, 2009, 28 (1): 52-66. DOI: 10. 1109/TMI. 2008. 926067.

[58] Ren X, Li T, Yang X, et al. Regression convolutional neural network for automated pediatric bone age assessment from hand radiograph [J]. IEEE journal of biomedical and health informatics, 2018, 23 (5): 2030-2038. DOI: 10. 1109/JBHI. 2018. 2876916.

[59] Han Y, Wang G. Skeletal bone age prediction based on a deep residual network with spatial transformer [J]. Computer Methods and Programs in Biomedicine, 2020, 197: 105754. DOI: 10. 1016/j. cmpb. 2020. 105754.

[60] Iglovikov V I, Rakhlin A, Kalinin A A, et al. Paediatric bone age assessment using deep convolutional neural networks [C]//Deep Learning in Medical Image Analysis and Multi-modal Learning for Clinical Decision Support: 4th International Workshop, DLMIA 2018, and 8th International Workshop, ML-CDS 2018, Held in Conjunction with MICCAI 2018, Granada, Spain, September 20, 2018, Proceedings 4. Springer International Publishing, 2018: 300-308. DOI: 10. 1007/978-3-030-00889-5_34.

[61] Lee H, Tajmir S, Lee J, et al. Fully Automated Deep Learning System for Bone Age Assessment [J]. Journal of Digital Imaging, 2017, 30: 427-441. DOI: 10. 1007/s10278-017-9955-8.

[62] Wang C, Wu Y, Wang C, et al. Attention-based multiple-instance learning for Pediatric bone age assessment with efficient and interpretable [J]. Biomedical signal processing and

control, 2023, 79: 104028. DOI:10. 1016/j. bspc. 2022. 104028.

[63] 张帅, 张俊华. 基于深度学习的儿童手骨 X 光图像骨龄评估方法 [J]. 航天医学与
医学工程, 2021, 34 (3): 252-259. DOI:10. 16289/j. cnki. 1002-0837. 2021. 03. 010.

[64] Li X, Jiang Y, Liu Y, et al. RAGCN: Region aggregation graph convolutional network for
bone age assessment from X-ray images [J]. IEEE Transactions on Instrumentation and
Measurement, 2022, 71: 1-12. DOI:10. 1109/TIM. 2022. 3190025.

[65] Wang X, Fan W, Hu M, et al. CFJLNet: Coarse and fine feature joint learning network for
bone age assessment [J]. IEEE Transactions on Instrumentation and Measurement, 2022,
71: 1-11. DOI:10. 1109/TIM. 2022. 3193711.

[66] Jian K, Li S, Yang S S C. Multi-characteristic reinforcement of horizontally integrated TE-
Net based on wrist bone development criteria for pediatric bone age assessment [J].
Applied Intelligence, 2023, 53 (19): 22743-22752. DOI:10. 1007/s10489-023-04633-1.

[67] Yang Z, Cong C, Pagnucco M, et al. Multi-scale multi-reception attention network for
bone age assessment in X-ray images [J]. Neural Networks, 2023, 158: 249-257. DOI:
10. 1016/j. neunet. 2022. 11. 002.

[68] Biondi J, Weiner D S, Bethem D, et al. Correlation of Risser sign and bone age determi-
nation in adolescent idiopathic scoliosis [J]. Journal of Pediatric Orthopedics, 1985, 5
(6): 697-701. DOI:10. 1097/01241398-198511000-00013.

[69] Bitan F D, Veliskakis K P, Campbell B C. Differences in the Risser grading systems in
the United States and France [J]. Clinical Orthopaedics&Related Research, 2005, 436:
190-195. DOI:10. 1097/01. blo. 0000160819. 10767. 88.

[70] Dhar S, Dangerfied P H, Dorgan J C, et al. Correlation between bone age and Risser's
sign in adolescent idiopathic scoliosis [J]. Spine, 1993, 18 (1): 14-19. DOI:10. 1097/
00007632-199301000-00003.

[71] Kaddioui H, Duong L, Joncas J, et al. Convolutional Neural Networks for Automatic
Risser Stage Assessment [J]. Radiology. Artificial intelligence, 2020, 2 (3): e180063.
DOI:10. 1148/ryai. 2020180063.

[72] Magnide E, Tchaha G W, Joncas J, et al. Automatic bone maturity grading from EOS ra-
diographs in Adolescent Idiopathic Scoliosis [J]. Computers in Biology and Medicine,
2021, 136: 104681. DOI:10. 1016/j. compbiomed. 2021. 104681.

[73] Vaswani A, Shazeer N, Parmar N, et al. Attention Is All You Need [J]. arxiv preprint
arxiv: 1706. 03762, 2017. DOI:10. 48550/arXiv. 1706. 03762.

［74］ Dosovitskiy A, Beyer L, Kolesnikov A, et al. An image is worth 16x16 words: Transformers for image recognition at scale ［J］. arxiv preprint arxiv: 2010. 11929, 2020. DOI: 10. 48550/arXiv. 2010. 11929.

［75］ Liu Z, Lin Y, Cao Y, et al. Swin Transformer: Hierarchical Vision Transformer using Shifted Windows ［C］//2021 IEEE/CVF International Conference on Computer Vision (ICCV). IEEE Computer Society, 2021: 9992-10002. DOI:10. 1109/ICCV48922. 2021. 00986.

［76］ Li J, Wen Y, He L. SCConv: Spatial and Channel Reconstruction Convolution for Feature Redundancy ［C］//2023 IEEE/CVF Conference on Computer Vision and Pattern Recognition (CVPR). IEEE, 2023: 6153-6162. DOI:10. 1109/CVPR52729. 2023. 00596.

［77］ Talaat F M, ZainEldin H. An improved fire detection approach based on YOLO-v8 for smart cities ［J］. Neural Computing and Applications, 2023, 35 (28): 20939-20954. DOI:10. 1007/s00521-023-08809-1.

［78］ Liu Z, Mao H, Wu C Y, et al. AConvNet for the 2020s ［C］//2022 IEEE/CVF Conference on Computer Vision and Pattern Recognition (CVPR). IEEE, 2022: 11966-11976. DOI:10. 1109/CVPR52688. 2022. 01167.

［79］ Selvaraju R R, Cogswell M, Das A, et al. Grad-CAM: Visual Explanations from Deep Networks via Gradient-Based Localization ［C］//IEEE International Conference on Computer Vision. IEEE, 2017: 618-626. DOI:10. 1109/ICCV. 2017. 74.

［80］ Dimeglio A, Canavese F, Charles Y P. Growth and adolescent idiopathic scoliosis: when and how much? ［J］. Journal of Pediatric Orthopaedics, 2011, 31: S28-S36. DOI:10. 1097/BPO. 0b013e318202c25d.

［81］ Kumar S, Nayak K P, Hareesha K S. Quantification of spinal deformities using combined SCP and geometric 3D reconstruction ［J］. Biomedical Signal Processing and Control, 2017, 31: 181-188. DOI:10. 1016/j. bspc. 2016. 08. 004.

［82］ Kadoury S, Cheriet F, Dansereau J, et al. Three-dimensional reconstruction of the scoliotic spine and pelvis from uncalibrated biplanar x-ray images ［J］. Journal of Spinal Disorders & Techniques, 2007, 20 (2): 160-167. DOI:10. 1097/01. bsd. 0000211259. 28497. b8.

［83］ Moura D C, Barbosa J G. Real-scale 3D models of the scoliotic spine from biplanar radiography without calibration objects ［J］. Computerized Medical Imaging & Graphics, 2014, 38 (7): 580-585. DOI:10. 1016/j. compmedimag. 2014. 05. 007.

128

[84] Dumas R, Blanchard B, Carlier R, et al. A semi-automated method using interpolation and optimisation for the 3D reconstruction of the spine from bi-planar radiography: a precision and accuracy study [J]. Medical & Biological Engineering & Computing, 2008, 46 (1): 85-92. DOI:10. 1007/s11517-007-0253-3.

[85] Humbert L, Guise J A D, Aubert B, et al. 3D reconstruction of the spine from biplanar X-rays using parametric models based on transversal and longitudinal inferences [J]. Medical Engineering & Physics, 2009, 31 (6): 681-687. DOI:10. 1016/j. medengphy. 2009. 01. 003.

[86] Zhang J, Lv L, et al. 3-D Reconstruction of the Spine From Biplanar Radiographs Based on Contour Matching Using the Hough Transform [J]. IEEE Transactions on Biomedical Engineering, 2013 (7): 60.

[87] Kadoury S, Cheriet F, Labelle H. Personalized X-Ray 3-D Reconstruction of the Scoliotic Spine From Hybrid Statistical and Image-Based Models [J]. IEEE Transactions on Medical Imaging, 2009, 28 (9): 1422-1435. DOI:10. 1109/TMI. 2009. 2016756.

[88] Moura D C, Boisvert J, Barbosa J G, et al. Fast 3D reconstruction of the spine from biplanar radiographs using a deformable articulated model [J]. Medical Engineering & Physics, 2011, 33 (8): 924-933. DOI:10. 1016/j. medengphy. 2011. 03. 007.

[89] Lecron F, Boisvert J, Mahmoudi S, et al. Three-Dimensional Spine Model Reconstruction Using One-Class SVM Regularization [J]. IEEE transactions on bio-medical engineering, 2013, 60 (11): 3256-3264. DOI:10. 1109/TBME. 2013. 2272657.

[90] Bennani H, Mccane B, Cornwall J. Three-dimensional reconstruction of In Vivo human lumbar spine from biplanar radiographs [J]. Computerized Medical Imaging and Graphics, 2022, 96: 102011-. DOI:10. 1016/j. compmedimag. 2021. 102011.

[91] Aubert B, Vazquez C, Cresson T, et al. Toward Automated 3D Spine Reconstruction from Biplanar Radiographs Using CNN for Statistical Spine Model Fitting [J]. IEEE Transactions on Medical Imaging, 2019, 38 (12): 2796-2806. DOI:10. 1109/TMI. 2019. 2914400.

[92] Yang C J, Lin C L, Wang C K, et al. Generative adversarial network (GAN) for automatic reconstruction of the 3D spine structure by using simulated bi-planar X-ray images [J]. Diagnostics, 2022, 12 (5): 1121. DOI:10. 3390/diagnostics12051121.

[93] Chen Z, Guo L, Zhang R, et al. BX2S-Net: Learning to reconstruct 3D spinal structures from bi-planar X-ray images [J]. Computers in biology and medicine, 2023, 154: 106615. DOI:10. 1016/j. compbiomed. 2023. 106615.

[94] Li B, Zhang J, Wang Q, et al. Three-dimensional spine reconstruction from biplane radiographs using convolutional neural networks [J]. Medical Engineering & Physics, 2024, 123: 104088. DOI:10. 1016/j. medengphy. 2023. 104088.

[95] Chen Y, Gao Y, Fu X, et al. Automatic 3D reconstruction of vertebrae from orthogonal biplanar radiographs [J]. Scientific Reports, 2024, 14 (1): 16165. DOI: 10. 1038/s41598-024-65795-7.

[96] Jecklin S, Shen Y, Gout A, et al. Domain adaptation strategies for 3D reconstruction of the lumbar spine using real fluoroscopy data [J]. Medical Image Analysis, 2024, 98: 103322. DOI10. 1016/j. media. 2024. 103322.

[97] Huang W, Wu W, Gong Y. 3d hand bones and tissue estimation from a single 2d x-ray image via a two-stream deep neural network [C]//2023 IEEE 20th International Symposium on Biomedical Imaging (ISBI). IEEE, 2023: 1 - 5. DOI: 10. 1109/ISBI53787. 2023. 10230591.

[98] Wang Y, Zhong Z, Hua J. DeepOrganNet: On-the-Fly Reconstruction and Visualization of 3D / 4D Lung Models from Single-View Projections by Deep Deformation Network [J]. IEEE transactions on visualization and computer graphics, 2020, 26 (1): 960-970. DOI: 10. 1109/TVCG. 2019. 2934369.

[99] Xi L, Zhao Y, Chen L, et al. Recovering dense 3D point clouds from single endoscopic image [J]. Computer Methods and Programs in Biomedicine, 2021, 205: 106077. DOI: 10. 1016/j. cmpb. 2021. 106077.

[100] Tong F, Nakao M, Wu S, et al. X-ray2Shape: reconstruction of 3D liver shape from a single 2D projection image [C]//2020 42nd annual international conference of the IEEE engineering in medicine & biology society (EMBC). IEEE, 2020: 1608 - 1611. DOI: 10. 1109/EMBC44109. 2020. 9176655.

[101] Guven G, Ates H F, Ugurdag H F. X2V: 3D Organ Volume Reconstruction From a Planar X-Ray Image With Neural Implicit Methods [J]. IEEE Access, 2024, 12: 50898-50910. DOI:10. 1109/ACCESS. 2024. 3385668.

[102] Geng H, Fan J, Yang S, et al. DSC-Recon: Dual-Stage Complementary 4-D Organ Reconstruction From X - Ray Image Sequence for Intraoperative Fusion [J]. IEEE transactions on medical imaging, 2024, 43 (11): 3909-3923. DOI:10. 1109/TMI. 2024. 3406876.

[103] Liu P, Zhang H, Lian W, et al. Multi-Level Wavelet Convolutional Neural Networks

[J]. IEEE Access, 2019, 7: 74973-74985. DOI:10. 1109/ACCESS. 2019. 2921451.

[104] Finder S E, Amoyal R, Treister E, et al. Wavelet convolutions for large receptive fields [C]//European Conference on Computer Vision. Cham: Springer Nature Switzerland, 2024: 363-380. DOI:10. 1007/978-3-031-72949-2_21.

[105] Bai L, Chen T, Wu Y, et al. Llcaps: Learning to illuminate low-light capsule endoscopy with curved wavelet attention and reverse diffusion [C]//International Conference on Medical Image Computing and Computer-Assisted Intervention. Cham: Springer Nature Switzerland, 2023: 34-44. DOI:10. 1007/978-3-031-43999-5_4.

[106] Wu W, Wang Y, Liu Q, et al. Wavelet-improved score-based generative model for medical imaging [J]. IEEE transactions on medical imaging, 2023, 43 (3): 966-979. DOI:10. 1109/TMI. 2023. 3325824.

[107] Roy A, Sarkar S, Ghosal S, et al. A wavelet guided attention module for skin cancer classification with gradient-based feature fusion [C]//2024 IEEE International Symposium on Biomedical Imaging (ISBI). IEEE, 2024: 1-4. DOI:10. 1109/ISBI56570. 2024. 10635704.

[108] Zhang J, Mao H, Wang X, et al. Wavelet-Inspired Multi-Channel Score-Based Model for Limited-Angle CT Reconstruction [J]. IEEE transactions on medical imaging, 2024, 43 (10): 3436-3448. DOI:10. 1109/TMI. 2024. 3367167.

[109] Rhyou S Y, Yoo J C. Automated ultrasonography of hepatocellular carcinoma using discrete wavelet transform based deep-learning neural network [J]. Medical Image Analysis, 2025, 101: 103453. DOI:10. 1016/j. media. 2025. 103453.

[110] Xie H, Yao H, Sun X, et al. Pix2Vox: Context-Aware 3D Reconstruction From Single and Multi-View Images [C]//2019 IEEE/CVF International Conference on Computer Vision (ICCV). IEEE, 2019: 2690-2698. DOI:10. 1109/ICCV. 2019. 00278.

[111] Sekuboyina A, Husseini M E, Bayat A, et al. VerSe : A Vertebrae Labelling and Segmentation Benchmark for Multi-detector CT Images [J]. Medical Image Analysis, 2021, 73: 102166. DOI:10. 1016/j. media. 2021. 102166.

[112] Shen L, Zhao W, Xing L. Patient-specific reconstruction of volumetric computed tomography images from a single projection view via deep learning [J]. Nature Biomedical Engineering, 2019, 3 (11): 880-888. DOI:10. 1038/s41551-019-0466-4.

[113] Day G A, Jones A C, Wilcox R K. Using Statistical Shape and Appearance Modelling to characterise the 3D shape and material properties of human lumbar vertebrae: A proof of

concept study ［J］. Journal of the Mechanical Behavior of Biomedical Materials, 2022, 126: 105047. DOI:10. 1016/j. jmbbm. 2021. 105047.

［114］ Hollenbeck J F M, Cain C M, Fattor J A, et al. Statistical shape modeling characterizes three-dimensional shape and alignment variability in the lumbar spine ［J］. Journal of Biomechanics, 2018 (69): 146-155. DOI:10. 1016/j. jbiomech. 2018. 01. 020.

［115］ Campbell J Q, Petrella A J. Automated finite element modeling of the lumbar spine: Using a statistical shape model to generate a virtual population of models ［J］. Journal of Biomechanics, 2016, 49 (13): 2593-2599. DOI:10. 1016/j. jbiomech. 2016. 05. 013.

［116］ Tang L, Hu Z, Lin Y S, et al. A statistical lumbar spine geometry model accounting for variations by Age, Sex, Stature, and body mass index ［J］. Journal of biomechanics, 2022, 130: 110821. DOI:10. 1016/j. jbiomech. 2021. 110821.

［117］ Armstrong J R, Campbell J Q, Petrella A J. A comparison of Cartesian-only vs. Cartesian-spherical hybrid coordinates for statistical shape modeling in the lumbar spine (star) ［J］. Computer Methods and Programs in Biomedicine, 2021, 204 (1): 106056. DOI: 10. 1016/j. cmpb. 2021. 106056.

［118］ Danu M, Nita C I, Vizitiu A, et al. Deeplearning based generation of synthetic blood vessel surfaces ［C］//2019 23rd International Conference on System Theory, Control and Computing (ICSTCC). 2019: 662-667. DOI:10. 1109/ICSTCC. 2019. 8885576.

［119］ Kwon G, Han C, Kim D. Generation of 3D brain MRI using auto-encoding generative adversarial networks ［C］//International Conference on Medical Image Computing and Computer-Assisted Intervention. Cham: Springer International Publishing, 2019: 118-126. DOI:10. 1007/978-3-030-32248-9_14.

［120］ Sánchez I, Vilaplana V. Brain MRI super-resolution using 3D generative adversarial networks ［J］. arxiv preprint arxiv: 1812. 11440, 2018. DOI:10. 48550/arXiv. 1812. 11440.

［121］ Islam J, Zhang Y. GAN-based synthetic brain PET image generation ［J］. Brain Informatics, 2020, 7 (1): 1-12. DOI:10. 1186/s40708-020-00104-2.

［122］ Gao C, Clark S, Furst J, et al. Augmenting LIDC dataset using 3D generative adversarial networks to improve lung nodule detection ［C］//Medical Imaging 2019: Computer-Aided Diagnosis. SPIE, 2019, 10950: 398-407. DOI:10. 1117/12. 2513011.

［123］ Bu T, Yang Z, Jiang S, et al. 3D conditional generative adversarial network-based synthetic medical image augmentation for lung nodule detection ［J］. International Journal of Imaging Systems and Technology, 2020, 31 (2): 670-681. DOI:10. 1002/ima. 22511.

［124］ Annala L, Neittaanmäki N, Paoli J, et al. Generating hyperspectral skin cancer imagery using generative adversarial neural network ［C］//2020 42nd Annual international conference of the IEEE engineering in medicine & biology society (EMBC). IEEE, 2020: 1600-1603. DOI:10. 1109/EMBC44109. 2020. 9176292.

［125］ Togo R, Ogawa T, Haseyama M. Synthetic Gastritis Image Generation via Loss Function-Based Conditional PGGAN ［J］. IEEE Access, 2019, 7: 87448-87457. DOI:10. 1109/ACCESS. 2019. 2925863.

［126］ Kingma D P, Welling M. Auto-Encoding Variational Bayes ［J］. arXiv preprint arXiv: 1312. 6114, 2013. DOI:10. 48550/arXiv. 1312. 6114.

［127］ Higgins I, Matthey L, Pal A, et al. beta-vae: Learning basic visual concepts with a constrained variational framework ［C］//International conference on learning representations. 2017.

［128］ Huang H, Li Z, He R, et al. IntroVAE: introspective variational autoencoders for photographic image synthesis ［C］//Proceedings of the 32nd International Conference on Neural Information Processing Systems. 2018: 52-63. DOI:10. 5555/3326943. 3326949.

［129］ van den Oord A, Vinyals O, Kavukcuoglu K. Neural discrete representation learning ［C］//Proceedings of the 31st International Conference on Neural Information Processing Systems. 2017: 6309-6318. DOI:10. 5555/3295222. 3295378.

［130］ Vahdat A, Kautz J. NVAE: a deep hierarchical variational autoencoder ［C］//Proceedings of the 34th International Conference on Neural Information Processing Systems. 2020: 19667-19679. DOI:10. 5555/3495724. 3497374.

［131］ Brock A, Lim T, Ritchie J M, et al. Generative and discriminative voxel modeling with convolutional neural networks ［J］. arxiv preprint arxiv: 1608. 04236, 2016. DOI:10. 48550/arXiv. 1608. 04236.

［132］ Fang T. A novel computer-aided lung cancer detection method based on transfer learning from GoogLeNet and median intensity projections ［C］//2018 IEEE international conference on computer and communication engineering technology (CCET). IEEE, 2018: 286-290. DOI:10. 1109/CCET. 2018. 8542189.

［133］ Karras T, Laine S, Aila T. A Style-Based Generator Architecture for Generative Adversarial Networks ［C］//2019 IEEE/CVF Conference on Computer Vision and Pattern Recognition (CVPR). IEEE, 2019: 4396-4405. DOI:10. 1109/CVPR. 2019. 00453.

［134］ Achlioptas P, Diamanti O, Mitliagkas I, et al. Learning Representations and Generative

Models for 3D Point Clouds ［J］. arxiv preprint arxiv：1707. 02392, 2017. DOI：10. 48550/ arXiv. 1707. 02392.

［135］ Eguchi R R, Choe C A, Huang P S. Ig-VAE：Generative modeling of protein structure by direct 3D coordinate generation ［J］. PLoS computational biology, 2022, 18（6）： e1010271. DOI：10. 1371/journal. pcbi. 1010271.

［136］ Wu J, Zhang C, Xue T, et al. Learning a probabilistic latent space of object shapes via 3D generative-adversarial modeling ［C］//Proceedings of the 30th International Conference on Neural Information Processing Systems. 2016：82-90. DOI：10. 5555/3157096. 3157106.

［137］ Smith E, Meger D. Improved Adversarial Systems for 3D Object Generation and Recon-struction ［J］. arxiv preprint arxiv：1707. 09557, 2017. DOI：10. 48550/arXiv. 1707. 09557.

［138］ Shi J, Zhang W, Wang W, et al. Randomly generating three-dimensional realistic schis-tous sand particles using deep learning：Variational autoencoder implementation ［J］. Engineering Geology, 2021, 291：106235. DOI：10. 1016/j. enggeo. 2021. 106235.

反侵权盗版声明

电子工业出版社依法对本作品享有专有出版权。任何未经权利人书面许可，复制、销售或通过信息网络传播本作品的行为；歪曲、篡改、剽窃本作品的行为，均违反《中华人民共和国著作权法》，其行为人应承担相应的民事责任和行政责任，构成犯罪的，将被依法追究刑事责任。

为了维护市场秩序，保护权利人的合法权益，本社将依法查处和打击侵权盗版的单位和个人。欢迎社会各界人士积极举报侵权盗版行为，本社将奖励举报有功人员，并保证举报人的信息不被泄露。

举报电话：（010）88254396；（010）88258888

传　　真：（010）88254397

E-mail：dbqq@ phei. com. cn

通信地址：北京市海淀区万寿路 173 信箱

　　　　　　电子工业出版社总编办公室

邮　　编：100036